한글학교 한국어 교재용

Learn KOREAN.
Level 4

- Must-Know Sentences & Words -

학교 (School): _____

반 (Class): _____

이름 (Name): _____

© 박형진 (Park, HyungJin) & 이성은 (Lee, SungEun)

'Learn Korean' series:

For Korean Schools:

- Learn Korean: Level 1 – Alphabet & Basic Sentences
- Learn Korean: Level 2 – Simple Sentences (Past tense, Future tense, Question, Negative sentences, and others) & Reading Comprehesion
- Learn Korean: Level 3 – Simple Conversation, Reading Comprehension, & Composition
- Learn Korean: Level 4 – Must-Know Sentences & Words

For Individual Study:

- Learn Korean 1: Alphabet & Words
- Learn Korean 2: Basic Sentences
- Learn Korean 3: Simple Sentences (Past tense, Future tense, Question, Negative sentences, and others)
- Learn Korean 4: Conversation (1)
- Learn Korean 5: 10 Sentences per Day

- Learn Korean For Beginners: Alphabet & Basic sentences
- HyungJin Korean Conversation: Volume 1
- HyungJin Korean Conversation: Volume 2

Contents

1 과. 자기 소개 (Self-Introduction)
    부록 A. 한글학교 교실에서 자주 쓰는 말 (Frequently used Korean sentences in the classroom)
    부록 B. Counting numbers in Korean

2 과. 나의 가족 소개 (Introducing my family)

3 과. 나의 집 소개 (About my house)

4 과. 나의 하루생활 소개 (My daily life)

5 과. 나의 학교생활 소개 (About my school life)

6 과. 어제 뭐 했어요? (What did you do yesterday?) – 5W1H (who, when, where, what, why, & how)

7 과. 날짜, 요일, 시간 (Date, Day, Time)

8 과. 라면 끓이기 (Cooking Ramen)
    부록: 요리 레서피를 이용해 한글 배우기

9 과. 생일 (Birthday)

10 과. 한국 소개 (About Korea)
    부록: 애국가를 이용한 한글 및 한국지리 가르치기

11 과. 날씨 (Weather)

12 과. 내가 좋아하는 것 (My favorite things)

13 과. 지금 드라마 보고 있어요. (I am watching a drama now.)

14 과. 한국행 비행기 안에서 (On the airplane bound for Korea)

15 과. 호텔에서 (In a hotel)

16 과. 택시안에서 (In a taxi)

17 과. 병원에서 (In a doctor's office)

책의 구성 (Components in Each Chapter)

1. **Today's 10 Sentences (오늘의 10 문장 제시)**
2. **Writing (쓰기):** 예제에 맞춰 학생 자신의 상황에 맞게 한글로 쓰기
3. **Memorizing (외우기):** 학생 자신이 쓴 문장 외우기
4. **Speaking (말하기):** 짝을 이뤄 친구들과 대화하기
5. **Today's words (오늘 새로 배운 단어):** 새로 배운 단어 정리
6. **Homework (숙제):** 부모님과 (또는 친구와) 대화하기, 노트에 문장 쓰기

1 과. 자기 소개 (Self-Introduction)

1. 오늘의 10 문장 (Today's 10 sentences)

(1) 다음 한글 문장을 읽고 영어로 번역하세요. (Translate the Korean sentences into English.)

	Korean (한글)	English (영어)
(1)	안녕하세요?	
(2)	제 이름은 오민국(MinGook Oh)입니다.	
(3)	저는 내쉬빌에 살아요.	
(4)	저는 열두 살입니다.	
(5)	저는 내쉬빌 중학교에 다녀요.	
(6)	저는 칠 학년이에요.	
(7)	저는 축구를 좋아해요.	
(8)	저는 불고기를 좋아해요.	
(9)	저는 의사가 되고 싶어요.	
(10)	만나서 반갑습니다.	

(정답은 다음 페이지에: The answers are on the next page.)

정답 (ANSWER)

	Korean (한글)	English (영어)
(1)	안녕하세요?	Hello.
(2)	제 이름은 오민국입니다.	My name is MinGook Oh.
(3)	저는 내쉬빌에 살아요.	I live in Nashville.
(4)	저는 열두 살이에요.	I am twelve years old.
(5)	저는 내쉬빌 중학교에 다녀요.	I go to Nashville Middle School.
(6)	저는 칠 학년이에요.	I am a seventh grader.
(7)	저는 축구를 좋아해요.	I like to play soccer.
(8)	저는 불고기를 좋아해요.	I like Bulgogi.
(9)	저는 의사가 되고 싶어요.	I want to be a doctor.
(10)	만나서 반갑습니다.	Nice to meet you.

2. 쓰기 (Writing)

(1) 아래 빈 칸에 자기소개를 써보세요. (Please fill out the blanks about yourself.)

* Note for the teacher in the classroom: 선생님은 학생들이 모르는 단어를 물어보면 그것을 칠판 한 쪽에 써주세요. 예를들어 "soccer 가 한국말로 뭐예요?" 라고 물어보면, 칠판에 '축구'라고 써 주세요. 이렇게 적어놓은 새로운 단어들은 수업이 끝나기 직전 '**5. 오늘의 단어**'(9 페이지에 있음) 시간에 정리하도록 합니다.

	자기 소개 (Self-Introduction)
(1)	안녕하세요?
(2)	제 이름은 _____입니다. (자기 이름: your name)
(3)	저는 _____에 살아요. (사는 곳: Where to live)
(4)	저는 _____ 살이에요. (나이: Age)[1]
(5)	저는 _____에 다녀요. (학교: School name)
(6)	저는 _____학년이에요. (학년: Grade)[2]
(7)	저는 _____을/를 좋아해요. (좋아하는 스포츠, Favorite sports)
(8)	저는 _____을/를 좋아해요. (좋아하는 음식, Favorite food)
(9)	저는 _____가 되고 싶어요. (장래 희망, Want to be)
(10)	만나서 반갑습니다.

(2) 공책(notebook)에 위의 10 문장을 적어보세요. (Write down the above 10 sententes on the notebook.)

* Note for teacher: 학생이 다 쓰면, 선생님이 맞춤법을 체크해서 틀린 부분을 지우고 다시 쓰게합니다. 제일 먼저 쓴 학생부터 차례로 맞춤법을 체크해 줍니다.

---

[1] For counting age, use native Korean counting. See Appendix B (page 15)
[2] For counting grade, use Sino-Korean counting. See Appendix B (page 15)

3. 외우기 (Memorizing)

(1) 앞의 10 문장을 외워봅시다. (Memorize the 10 sentences.)

> * Note for teacher:
>   1) 처음에는 학생 혼자 외우게 합니다.
>   2) 3-4 분후에는 짝을 지워 서로 외운 것을 확인하게 합니다.
>   3) 다 외운 학생은 선생님에게 와서 1:1 로 외운 것을 말하게 합니다.
>   4) 한명씩 앞에 나와서 발표를 하게합니다.

4. 말하기 (Speaking) – 친구와 대화하기 (Talking with a classmate)

(1) 학생 2 명이 짝을 지워 1:1 대화를 하게합니다. (Talk with your partner the following dialogue.)

* Note: If you study this book by yourself, you can ask and answer by yourself.

	질문 (Ask)	대답 (Answer)
(1)	A: 안녕하세요?	B: 안녕하세요?
(2)	A: 이름이 뭐예요?	B: 저는 _____이에요.
(3)	A: OO(학생 이름)은/는 어디에 살아요?	B: 저는 _____에 살아요.
(4)	A: 몇 살이에요?	B: 저는 _____살이에요.
(5)	A: 무슨 학교에 다녀요?	B: 저는 _____학교에 다녀요
(6)	A: 몇 학년이에요?	B: 저는 _____학년이에요.
(7)	A: 무슨 스포츠를 좋아해요?	B: 저는 _____을/를 좋아해요.
(8)	A: 무슨 음식을 좋아해요?	B: 저는 _____을/를 좋아해요.
(9)	A: 무엇이 되고 싶어요?	B: 저는 _____이/가 되고 싶어요.
(10)	A: 만나서 반갑습니다.	B: 만나서 반갑습니다.

(2) 학생 2 명이 앞으로 나와 다른 학생들 앞에서 프레젠테이션을 합니다. (Two students stand up in front of other students and make the conversation.)

5. 오늘의 단어 (Today's words)

(1) 단어 외우기 (Memorise the following words)

	한글	English		한글	English
(1)	이름	Name	(6)	음식	Food
(2)	나이	Age	(7)	중학교	Middle school
(3)	학교	School	(8)	고등학교	High school
(4)	학년	Grade	(9)	대학교	College
(5)	스포츠	Sports	(10)	장래 희망	Dream job

(2) 오늘 추가로 배운 단어를 정리합니다. (Write down the new words that you learned on today's class)

> * Note for teacher:
>   1) 칠판에 적어 놓은 단어(한글)들을 여기 빈칸에 적게 합니다.
>   2) 한글을 다 적은 다음, 영어로 그 뜻을 쓰게 합니다.

* If you study this book by yourself, write down in the blanks the new Korean words you learned today. For example, if you learned '농구' (basketball), write down 농구 – basketball in the blank.

	한글	English		한글	English
(1)	농구	basketball	(6)		
(2)			(7)		
(3)			(8)		
(4)			(9)		
(5)			(10)		

(3) 오늘 배운 단어 테스트 (Vocabulary test) – 아래 두 방법중 하나를 선택해서 합니다.

1) 선생님이 단어를 영어로 말하면, 학생들이 공책에 한글로 적습니다. (If the teacher speaks the words in English, the students write down the matching Korean words on the notebook.)

2) '몸으로 말해요' 게임 – 두 팀으로 나누어서 할 수도 있고, 개인전 (한 학생이 설명하고 나머지 학생들이 맞추는 방식)으로 할 수도 있습니다.

6. 숙제 (Homework) – 부모님과 (또는 친구와) 대화하기 (Talking with your parents or friend)

(1) 집에서 부모님과 (또는 친구와) 1:1 로 대화를 하세요. (Talk with your parent or friend the following dialogue at home.)

* Note for teacher: 부모님께 숙제가 무엇인지 카톡으로 알려주세요.

	질문 (Ask)	대답 (Answer)
(1)	A (부모님/친구): 안녕하세요?	B (나): 안녕하세요?
(2)	A: 이름이 뭐예요?	B: 저는 _____이에요.
(3)	A: OO(학생 이름)은/는 어디에 살아요?	B: 저는 _____ 에 살아요.
(4)	A: OO 은/는 몇 살이에요?	B: 저는 _____ 살이에요.
(5)	A: OO 은/는 무슨 학교에 다녀요?	B: 저는 _____ 학교에 다녀요
(6)	A: OO 은/는 몇 학년이에요?	B: 저는 _____ 학년이에요.
(7)	A: OO 은/는 무슨 스포츠를 좋아해요?	B: 저는 _____ 을/를 좋아해요.
(8)	A: OO 은/는 무슨 음식을 좋아해요?	B: 저는 _____ 을/를 좋아해요.
(9)	A: OO 은/는 무엇이 되고 싶어요?	B: 저는 _____ 이/가 되고 싶어요.
(10)	A: 만나서 반갑습니다.	B: 만나서 반갑습니다.

(2) 부모님(또는 친구) 앞에서 자기소개를 해보세요. (Please practice your self-introduction in front of your parents or friend.)

(3) 자기 소개 10 문장을 공책에 <u>세 번</u> 쓰세요. (Write down the 10 sentences on the notebook 3 times.)

(4) '오늘 배운 단어'를 부모님과 (또는 친구와) 공부하세요. (Study 'Today's words' (p. 9) with your parents or friend.)

부록(Appendix) A. 한글학교 교실에서 자주 쓰는 말 (Frequently used Korean sentences in the classroom)

1. 10 문장 (10 Sentences)

(1) 다음 한글 문장을 읽고 영어로 번역하세요. (Translate the Korean sentences into English.)

	Korean (한글)	English (영어)
(1)	오늘은 1 과를 공부하겠어요.	
(2)	15 페이지를 펴세요.	
(3)	Pencil 이 한국말로 뭐예요?	
(4)	칠판이 영어로 뭐예요?	
(5)	누가 먼저 할까요?	
(6)	제가 먼저 하겠습니다.	
(7)	마이클이 먼저 해보세요.	
(8)	참 잘했어요.	
(9)	선생님, 질문있어요.	
(10)	십분간 휴식하겠어요.	

(정답은 다음 페이지에: The answers are on the next page.)

정답 (ANSWER)

	Korean (한글)	English (영어)
(1)	오늘은 1 과를 공부하겠어요.	We will study chapter 1 today.
(2)	15 페이지를 펴세요.	Go to page 15.
(3)	'Pencil'이 한국말로 뭐예요?	What is 'Pencil' in Korean?
(4)	칠판이 영어로 뭐예요?	What is '칠판' in English?
(5)	누가 먼저 할까요?	Who will go first?
(6)	제가 먼저 하겠습니다.	I will do it first.
(7)	마이클이 먼저 해보세요.	Michael, you go first.
(8)	참 잘했어요.	Great job.
(9)	선생님, 질문있어요.	Teacher, I have a question.
(10)	십분간 휴식하겠어요.	Let's take a 10 minute break.

2. 친구와 대화하기 (Talking with a classmate)

(1) 학생 2 명이 짝을 지워 1:1 대화를 하게합니다. (Talk with your partner the following dialogue.)

한 학생이 다른 학생에게 한글 문장을 말하면, 다른 학생은 영어로 대답합니다. (If a student says in Korean, the other student translates it to English.)

	Korean (한글)	English (영어)
(1)	오늘은 1 과를 공부하겠어요.	We will study chapter 1 today.
(2)	15 페이지를 펴세요.	Go to page 15.
(3)	'Pencil'이 한국말로 뭐예요?	What is 'Pencil' in Korean?
(4)	칠판이 영어로 뭐예요?	What is '칠판' in English?
(5)	누가 먼저 할까요?	Who will go first?
(6)	제가 먼저 하겠습니다.	I will do it first.
(7)	마이클이 먼저 해보세요.	Michael, you go first.
(8)	참 잘했어요.	Great job.
(9)	선생님, 질문있어요.	Teacher, I have a question.
(10)	십분간 휴식하겠어요.	Let's take a 10 minute break.

(2) 선생님이 한글로 문장을 말하면, 학생들이 영어로 답하게 합니다. (If the teacher says in Korean, the students translates it to English.)

3. 한글학교에서 자주 쓰는 다른 문장들 (Other Korean sentences frequently used in the classroom)

(1) 위의 10개 문장외에 한글학교에서 자주 쓰는 문장들을 적어보세요.

	Korean (한글)	English (영어)
(1)	화장실에 가도 될까요?	May I go to the bathroom?
(2)		
(3)		
(4)		
(5)		
(6)		
(7)		
(8)		
(9)		
(10)		

부록(Appendix) B. Counting numbers in Korean

There are two ways of counting numbers in Korean – (1) Native Korean counting and (2) Sino-Korean counting.

1. Native Korean counting

1	2	3	4	5	6	7	8	9	10
하나	둘	셋	넷	다섯	여섯	일곱	여덟	아홉	열
11	12	13	14	15	16	17	18	19	20
열하나	열둘	열셋	열넷	열다섯	열여섯	열일곱	열여덟	열아홉	스물
21	22	23	24	25	26	27	28	29	30
스물하나	스물둘	스물셋	스물넷	스물다섯	스물여섯	스물일곱	스물여덟	스물아홉	서른
31	32	33	34	35	36	37	38	39	40
서른하나	서른둘	서른셋	서른넷	서른다섯	서른여섯	서른일곱	서른여덟	서른아홉	마흔
50	60	70	80	90	100				
쉰	예순	일흔	여든	아흔	백				

2. Sino-Korean counting

1	2	3	4	5	6	7	8	9	10
일	이	삼	사	오	육	칠	팔	구	십
11	12	13	14	15	16	17	18	19	20
십일	십이	십삼	십사	십오	십육	십칠	십팔	십구	이십
21	22	23	24	25	26	27	28	29	30
이십일	이십이	이십삼	이십사	이십오	이십육	이십칠	이십팔	이십구	삼십
31	32	33	34	35	36	37	38	39	40
삼십일	삼십이	삼십삼	삼십사	삼십오	삼십육	삼십칠	삼십팔	삼십구	사십
50	60	70	80	90	100				
오십	육십	칠십	팔십	구십	백				

3. When do we use the Native Korean counting?

1) Counting hour

For counting hour, '시 (o'clock)' is added after the Korean counting.

영어 (English)	한글 (Long time ago*)		한글 (Now)
1 o'clock	하나 시	→	**한 시**
2 o'clock	둘 시	→	**두 시**
3 o'clock	셋 시	→	**세 시**
4 o'clock	넷 시	→	**네 시**
5 o'clock	다섯 시		다섯 시
6 o'clock	여섯 시		여섯 시
7 o'clock	일곱 시		일곱 시
8 o'clock	여덟 시		여덟 시
9 o'clock	아홉 시		아홉 시
10 o'clock	열 시		열 시
11 o'clock	열한 시		열한 시
12 o'clock	열두 시		열두 시

* The author guesses that '하나 시' was used in Korea long time ago. The author doesn't make sure whether it is true or not.

하나 (one) + 시 (o'clock) → 하나 시 → 한 시

둘 (two) + 시 (o'clock) → 둘 시 → 두 시 (The author guesses that Korean people like to pronounce '두 시' because '두 시' is **easier to pronounce** than '둘 시').

2) Counting people

For counting the number of people, we add '명'.

한 명, 두 명, 세 명, 네 명, 다섯 명, 여섯 명, 일곱 명, 여덟 명, 아홉 명, 열 명, 열한 명, ...

3) Counting things

For counting the number of things, we add '개'.

한 개, 두 개, 세 개, 네 개, 다섯 개, 여섯 개, 일곱 개, 여덟 개, 아홉 개, 열 개, ...

4) Counting age

For counting the number of things, we add '살'.

한 살, 두 살, 세 살, 네 살, 다섯 살, 여섯 살, ... ,열한 살, 열두 살, ... , 스물 세 살, ...

4. When do we use the Sino-Korean counting?

1) Counting minute

일 분, 이 분, 삼 분, 사 분, 오 분, 육 분, …, 십오 분, 십육 분, …, 사십칠 분,…, 오십 분,…

2) Counting school year

일 학년, 이 학년, 삼 학년, 사 학년, 오 학년, 육 학년, 칠 학년, 팔 학년, 구 학년, …

3) Counting month

일월, 이월, 삼월, 사월, 오월, 유월 (육월 → 유월, Since 육월 is hard to pronounce, it has changed to 유월), 칠월, 팔월, 구월, 시월 (십월 → 시월, Since 십월 is hard to pronounce, it has changed to 시월), 십일월, 십이월

4) Counting date

일일, 이일, 삼일, 사일, 오일, 육일, 칠일, 팔일, 구일, …, 십오일, 십육일, …, 이십사일,…

Exercise 1

Write in Korean for the Arabic numbers.

	Korean (한글)		Korean (한글)
43	사십 삼	71	
25		16	
37		7	
65		52	
84		98	

Exercise 2

	한글		한글
1:30	한 시 삼십 분	2:15	두 시 십오 분
3:15		3:20	
4:01		2:02	
5:05		5:35	
12:30		11:17	

Q: 지금 몇시예요? (What time is it now?) _____

Exercise 3

영어(English)	한글	영어(English)	한글
Jan. 30	일월 삼십일	Feb. 15	
April 23		June 3	
July 4		Dec. 25	
Jan. 1		Oct. 15	

* June: '유월' instead of '육월' because '유월' is **easier to pronounce** than '육월'.
  October: '시월' instead of '십월'.

Q: 오늘은 몇월 며칠이에요? (What is the date today?) _____

(Blank)

2 과. 나의 가족 소개 (Introducing my family)

0. 복습하기 (Review of the previous chapter)

(1) 1 과 자기소개 10 문장을 공책에 씁니다. 다 쓴 후에 외웁니다. 그리고 선생님에게 와서 외운 것을 말합니다. (Write down the 10 sentences about self-introduction on the notebook. Then, momorize the 10 sentences. Then come to the teacher and talk.)

* Note for teacher: 패스하면 공책 제일 뒷장에 스티커를 한 장 붙여주는 것도 한 방법입니다.

(2) 앞에서 배운 단어 복습하기 (Review the words that you learned from the previous chapter) – 선생님이 단어를 영어로 말하면, 학생들이 공책에 한글로 적습니다. (When the teacher speaks the words in English, the students write down the matching Korean words on the notebook.)

* Note for teacher: 테스트를 하기 전에 시간을 주어서 학생들에게 공부하게 할 수도 있습니다. 일정 개수 이상을 맞추면 공책 제일 뒷장에 스티커를 한 장 붙여주는 것도 한 방법입니다.

(3) 교실에서 자주 쓰는 말 (부록) – 선생님이 한글로 문장을 읽으면, 학생들이 영어로 번역하게 합니다.

1. 오늘의 11 문장 (Today's 11 sentences) – 나의 가족 소개

(1) 다음 한글 문장을 읽고 영어로 번역하세요. (Translate the Korean sentences into English.)

	Korean (한글)	English (영어)
(1)	제 가족은 모두 네 명이에요.	
(2)	엄마, 아빠, 그리고 동생 한 명 있어요.	
(3)	제 엄마의 이름은 김수민 (SooMin Kim)이에요.	
(4)	제 엄마는 마흔 살이에요.	
(5)	제 엄마는 주부이에요.	
(6)	제 아빠의 이름은 오대한 (DaeHan Oh)이에요.	
(7)	제 아빠는 마흔 네 살이에요.	
(8)	제 아빠는 선생님이에요.	
(9)	제 동생의 이름은 오한국 (HanGook Oh)이에요.	
(10)	제 동생은 아홉 살이에요.	
(11)	이상입니다.	

(정답은 다음 페이지에: The answers are on the next page.)

정답 (ANSWER)

	Korean (한글)	English (영어)
(1)	제 가족은 모두 네 명이에요.	I have four people in my family.
(2)	엄마, 아빠, 그리고 동생 한 명있어요.	I have mom, dad, and one younger brother.
(3)	엄마의 이름은 김수민이에요.	My mother's name is SooMin Kim.
(4)	제 엄마는 마흔 살이에요.	My mother is 40 years old.
(5)	제 엄마는 주부이에요.	My mother is a housewife.
(6)	제 아빠의 이름은 오대한이에요.	My father's name is DaeHan Oh.
(7)	제 아빠는 마흔 네 살이에요.	My father is 44 years old.
(8)	제 아빠는 선생님이에요.	My father is a teacher.
(9)	제 동생의 이름은 오한국이에요.	My younger brother's name is HanGook Oh.
(10)	제 동생은 아홉 살이에요.	My younger brother is 9 years old.
(11)	이상입니다.	I am done. (or) That's about it.

2. 쓰기 (Writing)

(1) 아래 빈 칸에 자기 가족 소개를 써보세요. (Please fill out the blanks about your family.)

* Note for teacher: 선생님은 학생들이 모르는 단어를 물어보면 그것을 칠판에 써주세요. 예를들어 "scientist 가 한국말로 뭐예요?" 라고 물어보면, 칠판에 'Scientist = 과학자'라고 써 주세요. 이렇게 적어놓은 새로운 단어들은 수업이 끝나기 직전 '**5. 오늘의 단어**'시간에 정리하도록 합니다.

	가족 소개
(1)	제 가족은 모두 _____ 명이에요.
(2)	_____, _____, _____, _____, _____, 그리고 _____ 있어요.
(3)	제 엄마의 이름은 _____이에요.
(4)	제 엄마는 _____ 살이에요. (나이: Age)
(5)	제 엄마는 _____이에요. (직업: Occupation)
(6)	제 아빠의 이름은 _____이에요.
(7)	제 아빠는 _____ 살이에요. (나이: Age)
(8)	제 아빠는 _____이에요. (직업: Occupation)
(9)	제 형/오빠/누나/언니/동생*의 이름은 _____이에요.
(10)	제 형/오빠/누나/언니/동생은 _____ 살이에요.
(11)	이상입니다.

* 형/오빠/누나/언니/동생

형: Older brother, 오빠: Older brother – If you are a boy, you call your older brother '형'. If you are a girl, you call your older brother '오빠'.

누나: Older sister, 언니: Older sister – If you are a boy, you call your older sister '누나'. If you are a girl, you call your older sister '언니'.

(2) 공책(notebook)에 위의 자기 가족 소개 11 문장을 쓰세요. (Write down the above 11 sentences on the notebook.)

* Note for teacher: 학생이 다 쓰면, 선생님이 맞춤법을 체크해서 틀린 부분을 지우고 다시 쓰게합니다. 제일 먼저 쓴 학생부터 차례로 맞춤법을 체크해 줍니다.

3. 외우기 (Memorizing)

(1) 앞의 11 문장을 외워봅시다. (Memorize the 11 sentences.)

* Note for teacher:
  1) 처음에는 학생 혼자 외우게 합니다.
  2) 3-4 분후에는 짝을 지워 서로 외운 것을 확인하게 합니다.
  3) 3-4 분후, 앞에 나와서 발표를 하게합니다.

4. 말하기 (Speaking) – 친구와 대화하기 (Talking with a classmate)

(1) 학생 2 명이 짝을 지워 1:1 대화를 하게합니다. (Talk with your partner the following dialogue.)

* Note: If you study this book by yourself, you can ask and answer by yourself.

	질문 (Ask)	대답 (Answer)
(1)	A: 가족이 모두 몇 명이에요?	B: 제 가족은 모두 _____ 명 이에요.
(2)	A: 가족에는 누가 있어요?	B: ____, ____, ____, 그리고 ____ 있어요
(3)	A: 엄마 이름이 뭐예요?	B: 제 엄마 이름은 _____이에요.
(4)	A: 엄마는 몇 살이에요?	B: 제 엄마는 _____ 살이에요.
(5)	A: 엄마는 무슨 일 해요?	B: 제 엄마는 _____ 이에요.
(6)	A: 아빠 이름이 뭐예요?	B: 제 아빠 이름은 _____이에요.
(7)	A: 아빠는 몇 살이에요?	B: 제 아빠는 _____ 살이에요.
(8)	A: 아빠는 무슨 일 해요?	B: 제아빠는 _____ 이에요.
(9)	A: 형/오빠/누나/언니/동생 이름이 뭐예요?	B: 제 형/오빠/누나/언니/동생은 _____ 살이에요.
(10)	A: 형/오빠/누나/언니/동생은 무슨 일해요?	B: 제 형/오빠/누나/언니/동생은 _____ 이에요.

(2) 학생 2 명이 앞으로 나와 다른 학생들 앞에서 프레젠테이션을 합니다. (Two students stand up in front of other students and make the conversation.)

5. 오늘의 단어 (Today's words)

(1) 단어 외우기 (Memorise the following words)

	한글	English		한글	English
(1)	가족	Family	(6)	오빠	Older brother
(2)	엄마	Mother	(7)	언니	Older sister
(3)	아빠	Father	(8)	동생	Younger sibling
(4)	형	Older brother	(9)	할아버지	Grandfather
(5)	누나	Older sister	(10)	할머니	Grandmother

(2) 오늘 추가로 배운 단어를 정리합니다. (Write down the <u>new</u> words that you learned on today's class)

> * Note for teacher:
> 1) 칠판에 적어 놓은 단어(한글)들을 여기 빈칸에 적게 합니다.
> 2) 한글을 다 적은 다음, 영어로 그 뜻을 쓰게 합니다.

* If you study this book by yourself, write down in the blanks the new Korean words you learned today. For example, if you learned '남동생' (Younger male sibling), write down 남동생 – Younger male sibling in the blank.

	한글	English		한글	English
(1)	남동생	Younger male sibling	(6)		
(2)			(7)		
(3)			(8)		
(4)			(9)		
(5)			(10)		

(3) 오늘 배운 단어 테스트 (Vocabulary test)

1) 선생님이 단어를 영어로 말하면, 학생들이 공책에 한글로 적습니다. (If the teacher speaks the words in English, the students write down the matching Korean words on the notebook.)

6. 숙제 (Homework) – 부모님과 (또는 친구와) 대화하기 (Talking with your parents or friend)

(1) 집에서 부모님과 (또는 친구와) 1:1 로 대화를 하세요. (Talk with your parent or friend the following dialogue at home.)

* Note for teacher: 부모님께 숙제가 무엇인지 카톡으로 알려주세요.

	질문 (Ask)	대답 (Answer)
(1)	A (부모님 or 친구): 가족이 모두 몇 명이에요?	B (나): 제 가족은 모두 _____ 명 이에요.
(2)	A: 가족에는 누가 있어요?	B: ____, ____, ____, 그리고 ____ 있어요
(3)	A: 엄마 이름이 뭐예요?	B: 제 엄마 이름은 _____이에요.
(4)	A: 엄마는 몇 살이에요?	B: 제 엄마는 _____ 살이에요.
(5)	A: 엄마는 무슨 일 해요?	B: 제 엄마는 _____ 이에요.
(6)	A: 아빠 이름이 뭐예요?	B: 제 아빠 이름은 _____이에요.
(7)	A: 아빠는 몇 살이에요?	B: 제 아빠는 _____ 살이에요.
(8)	A: 아빠는 무슨 일 해요?	B: 제아빠는 _____ 이에요.
(9)	A: 누나/형/오빠/동생 이름이 뭐예요?	B: 제 누나/형/오빠/동생은 ____ 살이에요.
(10)	A: 누나/형/오빠/동생은 무슨 일해요?	B: 제 누나/형/오빠/동생은 _____ 이에요.

(2) 부모님(또는 친구) 앞에서 자기 가족 소개를 해보세요. (Please practice your family introduction in front of your parents.)

(3) 자기 가족 소개 10 문장을 공책에 세 번 쓰세요. (Write down the 10 sentences on the notebook 3 times.)

(4) '오늘 배운 단어'를 부모님과 (또는 친구와) 공부하세요. (Please study 'Today's words' (p. 25) with your parents or friend.)

(Blank)

3 과. 나의 집 소개 (About my house)

0. 복습하기 (Review of the previous chapters)

(1) 앞에서 배운 21 문장 쓰고 외우기

1) 자기소개 10 문장을 공책에 씁니다. 다 쓴 후에 외웁니다. 그리고 선생님에게 와서 외운 것을 말합니다. (Write down the 10 sentences about self-introduction on the notebook. Then, momorize the 10 sentences. Then come to the teacher and talk.)
* Note for teacher: 패스하면 공책 제일 뒷장에 스티커를 한 장 붙여줍니다.

2) 가족소개 11 문장을 공책에 씁니다. 다 쓴 후에 외웁니다. 그리고 선생님에게 와서 외운 것을 말합니다. (Write down the 11 sentences about your family on the notebook. Then, momorize the 11 sentences. Then come to the teacher and talk.)
* Note for teacher: 패스하면 공책 제일 뒷장에 스티커를 한 장 붙여줍니다.

(2) 앞에서 배운 단어 복습하기 (Review the words that you learned from the previous chapters) – 선생님이 단어를 영어로 말하면, 학생들이 공책에 한글로 적습니다. (When the teacher speaks the words in English, students write down the matching Korean words on the notebook.)

(3) Counting in Korean
하나, 둘, 셋, 넷, ...
일, 이, 삼, 사, ...

(4) 오늘은 몇월 며칠이에요?
어제는 몇월 며칠이에요?
내일은 몇월 며칠이에요?
크리스마스는 몇월 며칠이에요?
New year's day 는 몇월 며칠이에요?

(5) 지금 몇시예요?

1. 오늘의 12 문장 (Today's 12 sentences) – 나의 집 소개

(1) 다음 한글 문장을 영어로 번역하세요. (Translate the Korean sentences into English.)

	Korean (한글)	English (영어)
(1)	제 집을 소개하겠습니다.	
(2)	제 집에는 방이 네개 있어요.	
(3)	제 집에는 화장실이 두개 있어요.	
(4)	거실에는 소파, 텔레비전, 그리고 피아노가 있어요.	
(5)	안방에는 큰 침대가 있어요.	
(6)	부엌에는 냉장고와 식탁이 있어요.	
(7)	냉장고 안에는 김치, 반찬, 그리고 음료수가 있어요.	
(8)	오빠 방에는 책상, 침대, 그리고 컴퓨터가 있어요.	
(9)	내 방에는 책상과 침대가 있어요.	
(10)	내 책상 옆에는 침대가 있어요.	
(11)	내 책상위에는 책들이 있어요	
(12)	이상입니다.	

(정답은 다음 페이지에: The answers are on the next page.)

정답

	한글	영어
(1)	제 집을 소개하겠습니다.	Let me talk about my house.
(2)	제 집에는 방이 네개 있어요.	There are four rooms in my house.
(3)	제 집에는 화장실이 두개 있어요.	There are two bathrooms in my house.
(4)	거실에는 소파, 텔레비전, 그리고 피아노가 있어요.	There is a sofa, a TV, and a piano in the living room.
(5)	안방에는 큰 침대가 있어요.	There is a big bed in the master bedroom.
(6)	부엌에는 냉장고와 식탁이 있어요.	There is a refrigerator and a dining table in the kitchen.
(7)	냉장고 안에는 김치, 반찬, 그리고 음료수가 있어요.	There is gimchi, side dishes, and drinks in the refrigerator.
(8)	오빠 방에는 책상, 침대, 그리고 컴퓨터가 있어요.	There is a desk, a bed, and a computer in the brother's room.
(9)	내 방에는 책상과 침대가 있어요.	There is a desk and a bed in my room.
(10)	내 책상 옆에는 침대가 있어요.	My bed is beside my desk.
(11)	내 책상위에는 책들이 있어요	There are books on my desk.
(12)	이상입니다.	That's about it.

2. 쓰기 (Writing)

(1) 먼저 빈 종이에 나의 집을 그려보아요. (Draw your house on a plain paper.)

< 예 (Example) >

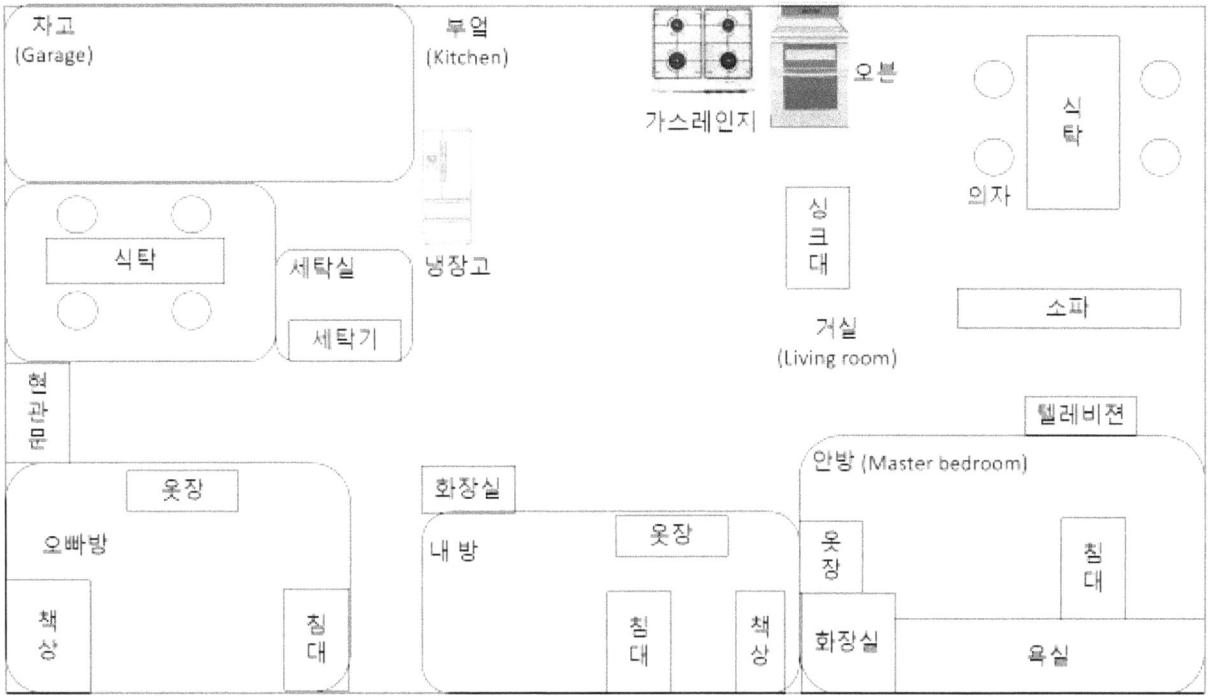

식탁: dining table	냉장고: refrigerator
현관문: front door	화장실: bathroom
옷장: closet	가스레인지: gas ranges
오빠방: older brother's room	오븐: Oven
책상: desk	싱크대: Sink
침대: bed	소파: sofa
세탁기: washing machine	의자: chair
세탁실: laundry room	욕실: bathroom

(2) 아래 빈 칸에 자기 집 소개를 써보세요. (Please fill out the blanks about your house.)

* Note for teacher: 선생님은 학생들이 모르는 단어를 물어보면 그것을 칠판에 써주세요. 예를들어 "living room 이 한국말로 뭐예요?" 라고 물어보면, 칠판에 '거실'이라고 써 주세요.

	자기 집 소개
(1)	제 집을 소개하겠습니다.
(2)	제 집에는 방이 _____개 있어요.
(3)	제 집에는 화장실이 _____개 있어요.
(4)	거실에는 _____, _____, _____, 그리고 _____이/가 있어요.
(5)	안방에는 _____, _____, _____, 그리고 _____이/가 있어요.
(6)	부엌에는 _____, _____, _____, 그리고 _____이/가 있어요.
(7)	냉장고 안에는 _____, _____, _____, 그리고 _____이/가 있어요.
(8)	_____ 방에는 _____, _____, _____, 그리고 _____이/가 있어요.
(9)	내 방에는 _____, _____, 그리고 _____이/가 있어요.
(10)	내 책상 옆에는 _____, 그리고 _____이/가 있어요.
(11)	내 책상위에는 _____, 그리고 _____이/가 있어요
(12)	이상입니다.

(2) 공책(notebook)에 위의 12 문장을 쓰세요. (Write down the above 12 sentences on the notebook.)

* Note for teacher: 학생이 다 쓰면, 선생님이 맞춤법을 체크해서 틀린 부분을 지우고 다시 쓰게합니다. 제일 먼저 쓴 학생부터 차례로 맞춤법을 체크해 줍니다.

3. 외우기 (Memorizing)

(1) 앞의 12 문장을 외워봅시다. (Memorize the 12 sentences.)

* Note for teacher in the classroom:
   1) 처음에는 학생 혼자 외우게 합니다.
   2) 3-4 분후에는 짝을 지워 서로 외운 것을 확인하게 합니다.
   3) 3-4 분후, 앞에 나와서 발표를 하게합니다.

4. 말하기 (Speaking) – 친구와 대화하기 (Talking with a classmate)

(1) 학생 2 명이 짝을 지워 1:1 대화를 하게합니다. (Talk with your partner the following dialogue.)

	질문 (Ask)	대답 (Answer)
(1)	A: OO 집에는 방이 몇 개 있어요?	B: 제 집에는 방이 ____개 있어요.
(2)	A: 화장실은 모두 몇 개 있어요?	B: 제 집에는 화장실이 ____개 있어요.
(3)	A: 거실에는 무엇이 있어요?	B: 거실에는 __, __, 그리고, __이/가 있어요
(4)	A: 안방에는 무엇이 있어요?	B: 안방에는 __, __, 그리고, __이/가 있어요
(5)	A: 부엌에는 무엇이 있어요?	B: 부엌에는 __, __, 그리고, __이/가 있어요
(6)	A: 냉장고 안에는 무엇이 있어요?	B: 냉장고 안에는 __, __, 그리고, __이/가 있어요
(7)	A: 형/오빠/누나/동생 방에는 무엇이 있어요?	B: ____ 방에는 __, __, 그리고, __이/가 있어요
(8)	A: OO 방에는 무엇이 있어요?	B: 내 방에는 __, __, 그리고, __이/가 있어요
(9)	A: 책상 옆에는 무엇이 있어요?	B: 책상 옆에는 __, __, 그리고, __이/가 있어요
(10)	A: 책상 위에는 무엇이 있어요?	B: 책상 위에는 __, __, 그리고, __이/가 있어요

(2) 학생 2 명이 앞으로 나와 다른 학생들 앞에서 프레젠테이션을 합니다. (Two students stand up in front of other students and make the conversation.)

5. 오늘의 단어 (Today's words)

(1) 단어 외우기 (Memorise the following words)

	한글	English		한글	English
(1)	거실		(6)	세탁기	
(2)	안방		(7)	책상	
(3)	부엌		(8)	의자	
(4)	화장실		(9)	침대	
(5)	냉장고		(10)	소파	

(2) 오늘 추가로 배운 단어를 정리합니다. (Write down the new words that you learned on today's class)

> * Note for teacher:
> 1) 칠판에 적어 놓은 단어(한글)들을 여기 빈칸에 적게 합니다.
> 2) 한글을 다 적은 다음, 영어로 그 뜻을 쓰게 합니다.

* If you study this book by yourself, write down in the blanks the new Korean words you learned today. For example, if you learned '거울' (Mirror), write down '거울 – Mirror' in the blank.

	한글	English		한글	English
(1)	거울	Mirror	(6)		
(2)			(7)		
(3)			(8)		
(4)			(9)		
(5)			(10)		

(3) 오늘 배운 단어 테스트 (Vocabulary test)

1) 선생님이 단어를 영어로 말하면, 학생들이 공책에 한글로 적습니다. (If the teacher speaks the words in English, the students write down the matching Korean words on the notebook.)

6. 숙제 (Homework) – 부모님과 (또는 친구와) 대화하기 (Talking with your parents or friend)

(1) 집에서 부모님과 (또는 친구와) 1:1 로 대화를 하세요. (Talk with your parent or friend the following dialogue at home.)

	질문 (Ask)	대답 (Answer)
(1)	A (부모님): 우리 집에는 방이 몇 개 있어요?	B (나): 제 집에는 방이 _____개 있어요.
(2)	A: 화장실은 모두 몇 개 있어요?	B: 제 집에는 화장실이 _____개 있어요.
(3)	A: 거실에는 무엇이 있어요?	B: 거실에는 __, __, 그리고, __이/가 있어요
(4)	A: 안방에는 무엇이 있어요?	B: 안방에는 __, __, 그리고, __이/가 있어요
(5)	A: 부엌에는 무엇이 있어요?	B: 부엌에는 __, __, 그리고, __이/가 있어요
(6)	A: 냉장고 안에는 무엇이 있어요?	B: 냉장고 안에는 __, __, 그리고, __이/가 있어요
(7)	A: 형/오빠/누나/동생 방에는 무엇이 있어요?	B: __ 방에는 __, __, 그리고, __이/가 있어요
(8)	A: OO 방에는 무엇이 있어요?	B: 내 방에는 __, __, 그리고, __이/가 있어요
(9)	A: 책상 옆에는 무엇이 있어요?	B: 책상 옆에는 __, __, 그리고, __이/가 있어요
(10)	A: 책상 위에는 무엇이 있어요?	B: 책상 위에는__, __, 그리고, __이/가 있어요

(2) 부모님(또는 친구) 앞에서 자기 집 소개를 해보세요. (Please practice your house introduction in front of your parents.)

(3) 자기 집 소개 12 문장을 공책에 **세 번** 쓰세요. (Write down the 12 sentences on the notebook 3 times.)

(4) '오늘 배운 단어'를 부모님과 (또는 친구와) 공부하세요. (Please study 'Today's words' with your parents or friend.)

4과. 나의 하루생활 소개 (My daily life)

0. 복습하기 (Review of the previous chapter)

(1) 앞에서 배운 33 문장 쓰고 외우기

    1) 자기소개 10 문장을 공책에 씁니다. 다 쓴 후에 외웁니다. 그리고 선생님에게 와서 외운 것을 말합니다. (Write down the 10 sentences about self-introduction on the notebook. Then, momorize the 10 sentences. Then come to the teacher and talk.)

    * Note for teacher: 패스하면 공책 제일 뒷장에 스티커를 한 장 붙여줍니다.

    2) 가족소개 11 문장을 공책에 씁니다. 다 쓴 후에 외웁니다. 그리고 선생님에게 와서 외운 것을 말합니다. (Write down the 11 sentences about your family on the notebook. Then, momorize the 11 sentences. Then come to the teacher and talk.)

    * Note for teacher: 패스하면 공책 제일 뒷장에 스티커를 한 장 붙여줍니다.

    3) 자기 집 소개 12 문장을 공책에 씁니다. 다 쓴 후에 외웁니다. 그리고 선생님에게 와서 외운 것을 말합니다. (Write down the 12 sentences about your house on the notebook. Then, momorize the 12 sentences. Then come to the teacher and talk.)

    * Note for teacher: 패스하면 공책 제일 뒷장에 스티커를 한 장 붙여줍니다.

(2) 앞에서 배운 단어 복습하기 (Review the words that you learned from the previous chapter) – 선생님이 단어를 영어로 말하면, 학생들이 공책에 한글로 적습니다. (When the teacher speaks the words in English, the students write down the matching Korean words on the notebook.)

1. 오늘의 10 문장 (Today's 10 sentences)

(1) 다음 한글 문장을 영어로 번역하세요. (Translate the Korean sentences into English.)

	Korean (한글)	English (영어)
(1)	저는 여섯 시에 일어나요.	
(2)	저는 이빨을 닦아요.	
(3)	저는 얼굴을 씻어요.	
(4)	저는 일곱 시에 아침을 먹어요	
(5)	저는 일곱시 반에 학교에 가요.	
(6)	저는 열두 시에 점심을 먹어요.	
(7)	저는 네 시에 집에 가요.	
(8)	저는 여섯 시에 저녁을 먹어요.	
(9)	저는 저녁을 먹고 한국어를 공부해요.	
(10)	저는 아홉 시에 자요.	

(정답은 다음 페이지에: The answers are on the next page.)

정답 (ANSWER)

	Korean (한글)	English (영어)
(1)	저는 여섯 시에 일어나요.	I wake up at 6.
(2)	저는 이빨을 닦아요.	I brush my teeth.
(3)	저는 얼굴을 씻어요.	I wash my face.
(4)	저는 일곱 시에 아침을 먹어요	I eat breakfast at 7.
(5)	저는 일곱시 반에 학교에 가요.	I go to school at 7:30.
(6)	저는 열두 시에 점심을 먹어요.	I eat lunch at 12.
(7)	저는 네 시에 집에 가요.	I go home at 4.
(8)	저는 여섯 시에 저녁을 먹어요.	I eat dinner at 6.
(9)	저는 저녁을 먹고 한국어를 공부해요.	I study Korean after I eat dinner.
(10)	저는 아홉 시에 자요.	I go to bed at 9.

2. 쓰기 (Writing)

(1) 아래 빈 칸에 나의 하루생활을 써보세요. (Please fill out the blanks about your daily life.)

(아라비아 숫자로 쓰지 말고 한글로 씁니다. (Do not write numbers but Korean counting.) 예를 들어 (for example) 6 시에 일어나면, 빈칸에 6 이라고 쓰지말고, '여섯'이라고 씁니다.)

	나의 하루생활 소개
(1)	저는 _____ 시에 일어나요.
(2)	저는 _____을 닦아요. or 저는 양치를 해요.
(3)	저는 _____을 씻어요. or 저는 세수를 해요.
(4)	저는 _____에 아침을 먹어요
(5)	저는 _____에 학교에 가요.
(6)	저는 _____에 점심을 먹어요.
(7)	저는 _____에 집에 가요.
(8)	저는 _____에 저녁을 먹어요.
(9)	저는 저녁을 먹고 _____을/를 해요.
(10)	저는 _____에 자요.

(2) 공책(notebook)에 나의 하루생활 10 문장을 쓰세요. (Write down the above 10 sentences on the notebook.)

* Note for teacher: 학생이 다 쓰면, 선생님이 맞춤법을 체크해서 틀린 부분을 지우고 다시 쓰게합니다. 제일 먼저 쓴 학생부터 차례로 맞춤법을 체크해 줍니다.

3. 외우기 (Memorizing)

(1) 앞의 10 문장을 외워봅시다. (Memorize the 10 sentences.)

* Note for teacher in the classroom:
   1) 처음에는 학생 혼자 외우게 합니다.
   2) 3-4 분후에는 짝을 지워 서로 외운 것을 확인하게 합니다.
   3) 3-4 분후, 앞에 나와서 발표를 하게합니다. 또는 선생님에게 와서 1:1 로 외운 것을 말하게 합니다.

4. 말하기 (Speaking) – 선생님과 대화하기 (Talking with teacher)

(1) 선생님이 학생과 1:1 로 대화를 합니다. (Talk with your teacher the following dialogue)

	질문 (Ask)	대답 (Answer)
(1)	A (선생님): OO 는 몇 시에 일어나요?	B (나): 저는 _____시에 일어나요.
(2)	A: 일어나서 무엇을 해요?	B: 저는 이빨을 닦아요.
(3)	A: 이빨을 닦고 무엇을 해요?	B: 저는 얼굴을 씻어요.
(4)	A: 몇 시에 아침을 먹어요?	B: 저는 _____에 아침을 먹어요.
(5)	A: 몇 시에 학교에 가요?	B: 저는 _____에 학교에 가요.
(6)	A: 몇 시에 점심을 먹어요?	B: 저는 _____에 점심을 먹어요.
(7)	A: 몇 시에 집에 가요?	B: 저는 _____에 집에 가요.
(8)	A: 몇 시에 저녁을 먹어요?	B: 저는 _____에 저녁을 먹어요.
(9)	A: 저녁을 먹고 무엇을 해요?	B: 저는 저녁을 먹고 _____을/를 해요.
(10)	A: 몇 시에 자요?	B: 저는 _____에 자요.

(2) 학생 2 명을 짝을 지워 1:1 대화를 합니다. (Talk with your partner the previous dialogue.)

(3) 학생 2 명이 앞으로 나와 다른 학생들 앞에서 프레젠테이션을 합니다. (Two students stand up in front of other students and make the conversation.)

5. 오늘의 단어 (Today's words)

(1) 단어 외우기 (Memorise the following words)

	한글	English		한글	English
(1)	여섯 시		(6)	저녁을 먹다	
(2)	이빨		(7)	학교에 가다	
(3)	얼굴		(8)	집에 가다	
(4)	아침을 먹다		(9)	아홉 시	
(5)	점심을 먹다		(10)	열두 시	

(2) 오늘 추가로 배운 단어를 정리합니다. (Write down the <u>new</u> words that you learned on today's class)

> * Note for teacher:
>   1) 칠판에 적어 놓은 단어(한글)들을 여기 빈칸에 적게 합니다.
>   2) 한글을 다 적은 다음, 영어로 그 뜻을 쓰게 합니다.

* If you study this book by yourself, write down in the blanks the new Korean words you learned today.

	한글	English		한글	English
(1)			(6)		
(2)			(7)		
(3)			(8)		
(4)			(9)		
(5)			(10)		

(3) 오늘 배운 단어 테스트 (Vocabulary test)

1) 선생님이 단어를 영어로 말하면, 학생들이 공책에 한글로 적습니다. (If the teacher speaks the words in English, the students write down the matching Korean words on the notebook.)

6. 숙제 (Homework) – 부모님과 (또는 친구와) 대화하기 (Talking with your parents or friend)

(1) 집에서 부모님과 (또는 친구와) 1:1 로 대화를 하세요. (Talk with your parent or friend the following dialogue at home.)

	질문 (Ask)	대답 (Answer)
(1)	A (부모님/친구): OO 는 몇 시에 일어나요?	B (나): 저는 _____시에 일어나요.
(2)	A: 일어나서 무엇을 해요?	B: 저는 이빨을 닦아요.
(3)	A: 이빨을 닦고 무엇을 해요?	B: 저는 얼굴을 씻어요.
(4)	A: 몇 시에 아침을 먹어요?	B: 저는 _____에 아침을 먹어요.
(5)	A: 몇 시에 학교에 가요?	B: 저는 _____에 학교에 가요.
(6)	A: 몇 시에 점심을 먹어요?	B: 저는 _____에 점심을 먹어요.
(7)	A: 몇 시에 집에 가요?	B: 저는 _____에 집에 가요.
(8)	A: 몇 시에 저녁을 먹어요?	B: 저는 _____에 저녁을 먹어요.
(9)	A: 저녁을 먹고 무엇을 해요?	B: 저는 저녁을 먹고 _____을/를 해요.
(10)	A: 몇 시에 자요?	B: 저는 _____에 자요.

(2) 나의 하루생활 10 문장을 공책에 **세 번** 쓰세요. (Write down the 10 sentences on the notebook 3 times.)

(3) '오늘 배운 단어'를 부모님과 (또는 친구와) 공부하세요. (Please study 'Today's words' with your parents or friend.)

(Blank)

5 과. 나의 학교생활 소개 (My school life)

0. 복습하기 (Review of the previous chapters)

(1) 앞에서 배운 30 문장 쓰고 외우기

    1) 가족소개 11 문장을 공책에 씁니다. 다 쓴 후에 외웁니다. 그리고 선생님에게 와서 외운 것을 말합니다.

    2) 자기 집 소개 12 문장을 공책에 씁니다. 다 쓴 후에 외웁니다. 그리고 선생님에게 와서 외운 것을 말합니다.

    3) 나의 하루 생활 소개 10 문장을 공책에 씁니다. 다 쓴 후에 외웁니다. 그리고 선생님에게 와서 외운 것을 말합니다.

(2) 앞에서 배운 단어 복습하기

1. 오늘의 10 문장 – 학교생활 소개

(1) 다음 한글 문장을 영어로 번역하세요.

	한글	영어
(1)	저는 일곱시 반까지 학교에 가요.	
(2)	첫번째 수업은 영어이에요.	
(3)	두번째 수업은 수학이에요.	
(4)	세번째 수업은 과학이에요.	
(5)	나는 점심에 주로 샌드위치와 우유를 먹어요.	
(6)	네번째 수업은 체육이에요.	
(7)	다섯번째 수업은 한국어이에요.	
(8)	내가 가장 좋아하는 과목은 한국어이에요.	
(9)	내가 가장 좋아하는 선생님은 마이클 박이에요.	
(10)	나는 네 시에 집에 가요.	

(정답은 다음 페이지에 있습니다.)

정답

	한글	영어
(1)	저는 일곱시 반까지 학교에 가요.	I go to school by 7:30.
(2)	첫번째 수업은 영어이에요.	The first class is English.
(3)	두번째 수업은 수학이에요.	The second class is Math.
(4)	세번째 수업은 과학이에요.	The third class is Science.
(5)	나는 점심에 주로 샌드위치와 우유를 먹어요.	I usually eat sandwich and milk for lunch.
(6)	네번째 수업은 체육이에요.	The fourth class is Physical Education.
(7)	다섯번째 수업은 한국어이에요.	The fifth class is Korean.
(8)	내가 가장 좋아하는 과목은 한국어이에요.	My favorite subject is Korean.
(9)	내가 가장 좋아하는 선생님은 마이클 박 선생님이에요.	My favorite teacher is Michael Park.
(10)	나는 네 시에 집에 가요.	I go home at 4.

2. 쓰기

(1) 아래 빈 칸에 나의 학교생활 소개를 써보세요. (Fill out the blanks about your school life.)

	나의 학교생활 소개
(1)	저는 _____까지 학교에 가요.
(2)	첫번째 수업은 _____이에요.
(3)	두번째 수업은 _____이에요.
(4)	세번째 수업은 _____이에요.
(5)	나는 점심에 주로 _____와 _____를 먹어요.
(6)	네번째 수업은 _____이에요.
(7)	다섯번째 수업은 _____이에요.
(8)	내가 가장 좋아하는 과목은 _____이에요.
(9)	내가 가장 좋아하는 선생님은 _____ 선생님이에요.
(10)	나는 _____에 집에 가요.

(2) 공책에 위의 10 문장을 쓰세요.

* Note for teacher: 학생이 다 쓰면, 선생님이 맞춤법을 체크해서 틀린 부분을 지우고 다시 쓰게합니다. 제일 먼저 쓴 학생부터 차례로 맞춤법을 체크해 줍니다.

3. 외우기

(1) 앞의 10 문장을 외워봅시다.

* Note for teacher:
    1) 처음에는 학생 혼자 외우게 합니다.
    2) 3-4 분후에는 짝을 지워 서로 외운 것을 확인하게 합니다.
    3) 3-4 분후, 앞에 나와서 발표를 하게합니다.

4. 말하기 (Speaking) – 친구와 대화하기

(1) 학생 2 명이 짝을 지워 1:1 대화를 하게합니다.

	질문 (Ask)	대답 (Answer)
(1)	A: 몇 시까지 학교에 가요?	B: 저는 ____시 _____ 분까지 학교에 가요.
(2)	A: 첫번째 수업은 무엇이에요?	B: 첫번째 수업은 _____이에요.
(3)	A: 두번째 수업은 무엇이에요?	B: 두번째 수업은 _____이에요.
(4)	A: 세번째 수업은 무엇이에요?	B: 세번째 수업은 _____이에요.
(5)	A: 점심에 주로 무엇을 먹어요?	B: 저는 _____에 학교에 가요.
(6)	A: 네번째 수업은 무엇이에요?	B: 네번째 수업은 _____이에요.
(7)	A: 다섯번째 수업은 무엇이에요?	B: 다섯번째 수업은 _____이에요.
(8)	A: 가장 좋아하는 과목이 뭐예요?	B: 가장 좋아하는 과목은 _____이에요.
(9)	A: 가장 좋아하는 선생님은 누구예요?	B: 가장 좋아하는 선생님은 _____ 선생님이에요.
(10)	A: 몇 시에 집에 가요?	B: 저는 _____에 집에 가요.

(2) 학생 2 명이 앞으로 나와 다른 학생들 앞에서 프레젠테이션을 합니다.

5. 오늘의 단어 (Today's words)

(1) 단어 외우기 (Memorise the following words)

	한글	English		한글	English
(1)	일곱시 반		(6)	과학	
(2)	~까지		(7)	체육	
(3)	첫번째		(8)	영어	
(4)	두번째		(9)	과목	
(5)	수업		(10)	한국어	

(2) 오늘 추가로 배운 단어를 정리합니다. (Write down the <u>new</u> words that you learned on today's class)

> * Note for teacher:
>   1) 칠판에 적어 놓은 단어(한글)들을 여기 빈칸에 적게 합니다.
>   2) 한글을 다 적은 다음, 영어로 그 뜻을 쓰게 합니다.

* If you study this book by yourself, write down in the blanks the new Korean words you learned today.

	한글	English		한글	English
(1)			(6)		
(2)			(7)		
(3)			(8)		
(4)			(9)		
(5)			(10)		

(3) 오늘 배운 단어 테스트 (Vocabulary test)

1) 선생님이 단어를 영어로 말하면, 학생들이 공책에 한글로 적습니다. (If the teacher speaks the words in English, the students write down the matching Korean words on the notebook.)

6. 숙제 – 부모님과 (또는 친구와) 대화하기

(1) 집에서 부모님과 (또는 친구와) 1:1 로 대화를 하세요.

	질문	대답
(1)	A (부모님): OO 는 몇 시까지 학교에 가요?	B (나): 저는 ___시 ____분까지 학교에 가요.
(2)	A: 첫번째 수업은 무엇이에요?	B: 첫번째 수업은 _____이에요.
(3)	A: 두번째 수업은 무엇이에요?	B: 두번째 수업은 _____이에요.
(4)	A: 세번째 수업은 무엇이에요?	B: 세번째 수업은 _____이에요.
(5)	A: 점심에 주로 무엇을 먹어요?	B: 저는 _____에 학교에 가요.
(6)	A: 네번째 수업은 무엇이에요?	B: 네번째 수업은 _____이에요.
(7)	A: 다섯번째 수업은 무엇이에요?	B: 다섯번째 수업은 _____이에요.
(8)	A: 가장 좋아하는 과목이 뭐예요?	B: 가장 좋아하는 과목은 _____이에요.
(9)	A: 가장 좋아하는 선생님은 누구예요?	B: 가장 좋아하는 선생님은 _____ 선생님이에요.
(10)	A: 몇 시에 집에 가요?	B: 저는 _____에 집에 가요.

(2) 자기 학교 생활 소개 10 문장을 공책에 <u>세 번</u> 쓰세요.

(3) '오늘 배운 단어'를 부모님과 (또는 친구와) 공부하세요.

(Blank)

6과. 어제 뭐 했어요? (What did you do yesterday?) – 5W1H (Who, When, Where, What, Why, & How)

0. 복습하기

(1) 앞에서 배운 32 문장 쓰고 외우기

    1) 자기 집 소개 12 문장을 공책에 씁니다. 다 쓴 후에 외웁니다. 그리고 선생님에게 와서 외운 것을 말합니다.

    2) 나의 하루 생활 소개 10 문장을 공책에 씁니다. 다 쓴 후에 외웁니다. 그리고 선생님에게 와서 외운 것을 말합니다.

    3) 학교생활 소개 10 문장을 공책에 씁니다. 다 쓴 후에 외웁니다. 그리고 선생님에게 와서 외운 것을 말합니다.

(2) 앞에서 배운 단어 복습하기

1. 오늘의 12 문장 – 어제 뭐 했어요?

(1) 다음 한글 문장을 읽고 영어로 번역하세요.

	한글	영어
(1)	어제 뭐 했어요?	
(2)	테니스를 쳤어요.	
(3)	누구와 테니스를 쳤어요?	
(4)	친구와 테니스를 쳤어요.	
(5)	몇 시에 테니스를 쳤어요?	
(6)	오후 다섯 시에 쳤어요.	
(7)	어디에서 테니스를 쳤어요?	
(8)	YMCA 에서 쳤어요.	
(9)	얼마동안 테니스를 쳤어요?	
(10)	한 시간 동안 쳤어요.	
(11)	어땠어요?	
(12)	아주 재미있었어요.	

(정답은 다음 페이지에 있습니다.)

정답

	한글	영어
(1)	어제 뭐 했어요?	What did you do yesterday?
(2)	테니스를 쳤어요.	I played tennis.
(3)	누구와 테니스를 쳤어요?	Who did you play with?
(4)	친구와 테니스를 쳤어요.	I played tennis with my friend.
(5)	몇시에 테니스를 쳤어요?	What time did you play tennis?
(6)	오후 다섯 시에 쳤어요.	I did at 5 p.m.
(7)	어디에서 테니스를 쳤어요?	Where did you play tennis?
(8)	YMCA 에서 쳤어요.	At the YMCA.
(9)	얼마동안 테니스를 쳤어요?	How long did you play tennis?
(10)	한 시간 동안 쳤어요.	For an hour.
(11)	어땠어요?	How was it?
(12)	아주 재미있었어요.	It was great fun.

2. 쓰기

(1) 아래 빈 칸에 알맞은 말을 넣어보세요. (Fill out the blanks about what you did yesterday.)

(1)	어제 뭐 했어요?
(2)	저는 어제 _____을/를 했어요. (무엇: What)
(3)	누구와 _____을/를 했어요?
(4)	저는 _____와/과 _____을/를 했어요. (누구와: With whom)　　　(무엇: What)
(5)	몇시에 _____을/를 했어요?
(6)	저는 어제 _____에 _____을/를 했어요. (몇 시: What time)　　　(무엇: What)
(7)	어디에서 _____을/를 했어요?
(8)	저는 _____에서 _____을/를 했어요. (어디에서: Where)　　　(무엇: What)
(9)	얼마동안 _____을/를 했어요?
(10)	저는 _____동안 했어요. (얼마동안: How long)
(11)	어땠어요?
(12)	아주 재미있었어요. (Or 재미없었어요.)

(2) 공책에 위의 12 문장을 쓰세요.

* Note for teacher: 학생이 다 쓰면, 선생님이 맞춤법을 체크해서 틀린 부분을 지우고 다시 쓰게합니다. 제일 먼저 쓴 학생부터 차례로 맞춤법을 체크해 줍니다.

3. 외우기

(1) 앞의 12 문장을 외워봅시다.

* Note for teacher in the classroom:
    1) 처음에는 학생 혼자 외우게 합니다.
    2) 3-4 분후에는 짝을 지워 서로 외운 것을 확인하게 합니다.
    3) 3-4 분후, 앞에 나와서 발표를 하게합니다.

4. 말하기 (Speaking) – 친구와 대화하기 (Talking with a classmate)

(1) 학생 2 명이 짝을 지워 1:1 대화를 하게합니다. (Talk with your partner the following dialogue.)

	질문 (Ask)	대답 (Answer)
(1)	A: 어제 뭐 했어요?	B: 저는 _____을/를 했어요.
(2)	A: 언제 ____을/를 했어요?	B: ____에 ____을/를 했어요.
(3)	A: 어디에서 ____을/를 했어요?	B: ____에서 ____을/를 했어요.
(4)	A: 누구와 ____을/를 했어요?	B: ____와 ____을/를 했어요.
(5)	A: 얼마동안 ____을/를 했어요?	B: ____동안 했어요.
(6)	A: 어땠어요?	B: 재미있었어요. Or 재미없었어요.

(2) 학생 2 명이 앞으로 나와 다른 학생들 앞에서 프레젠테이션을 합니다. (Two students stand up in front of other students and make the conversation.)

5. 오늘의 단어 (Today's words)

(1) 단어 외우기 (Memorise the following words)

	한글	English		한글	English
(1)	어제	Yesterday	(6)	언제	When
(2)	몇 시		(7)	재미있다	Funny
(3)	어디에서		(8)	한 시간	One hour
(4)	무엇을		(9)	테니스를 치다	Play tennis
(5)	얼마동안		(10)	어땠어요?	How was it?

(2) 오늘 추가로 배운 단어를 정리합니다. (Write down the <u>new</u> words that you learned on today's class)

> * Note for teacher:
> 1) 칠판에 적어 놓은 단어(한글)들을 여기 빈칸에 적게 합니다.
> 2) 한글을 다 적은 다음, 영어로 그 뜻을 쓰게 합니다.

* If you study this book by yourself, write down in the blanks the new Korean words you learned today.

	한글	English		한글	English
(1)			(6)		
(2)			(7)		
(3)			(8)		
(4)			(9)		
(5)			(10)		

(3) 오늘 배운 단어 테스트 (Vocabulary test)

1) 선생님이 단어를 영어로 말하면, 학생들이 공책에 한글로 적습니다. (If the teacher speaks the words in English, the students write down the matching Korean words on the notebook.)

6. 숙제 – 부모님과 (또는 친구와) 대화하기

(1) 집에서 부모님과 (또는 친구와) 1:1 로 대화를 하세요.

	질문 (Ask)	대답 (Answer)
(1)	A (부모님): 어제 뭐 했어요?	B (나): 저는 ____을/를 했어요.
(2)	A: 언제 ____을/를 했어요?	B: ____에 ____을/를 했어요.
(3)	A: 어디에서 ____을/를 했어요?	B: ____에서 ____을/를 했어요.
(4)	A: 누구와 ____을/를 했어요?	B: ____와 ____을/를 했어요.
(5)	A: 얼마동안 ____을/를 했어요?	B: ____동안 ____을/를 했어요.
(6)	A: 어땠어요?	B: 재미있었어요. Or 재미없었어요.

(2) 위의 12 문장을 공책에 세 번 쓰세요. (Write down the above 12 sentences on the notebook 3 times.)

(3) '오늘 배운 단어'를 부모님과 (또는 친구와) 공부하세요.

7과. 날짜, 요일, 시간 (Date, Day, Time)

0. 복습하기 (Review of the previous chapters)

(1) 앞에서 배운 20 문장 쓰고 외우기

　1) 나의 하루 생활 소개 10 문장을 공책에 씁니다. 다 쓴 후에 외웁니다. 그리고 선생님에게 와서 외운 것을 말합니다.

　2) 나의 학교생활 소개 10 문장을 공책에 씁니다. 다 쓴 후에 외웁니다. 그리고 선생님에게 와서 외운 것을 말합니다.

(2) 어제 뭐했어요?

　1) 어제 무엇을 했는지 적어봅니다. (Fill out the blanks about what you did yesterday.)

(1)	저는 어제 _____을/를 했어요. (무엇: What)
(2)	저는 어제 _____에 _____을/를 했어요. (몇 시: What time)　　(무엇: What)
(3)	저는 _____에서 _____을/를 했어요. (어디에서: Where)　　(무엇: What)
(4)	저는 _____와/과 _____을/를 했어요. (누구와: With whom)　　(무엇: What)
(5)	저는 _____동안 _____을/를 했어요. (얼마동안: How long)　　(무엇: What)
(6)	아주 재미있었어요. (Or 재미없었어요.)

2) 학생 2명이 짝을 지워 1:1 대화를 하게합니다. (Talk with your partner the following dialogue.)

	질문 (Ask)	대답 (Answer)
(1)	A: 어제 뭐 했어요?	B: 저는 ____을/를 했어요.
(2)	A: 언제 ____을/를 했어요?	B: ____에 ____을/를 했어요.
(3)	A: 어디에서 ____을/를 했어요?	B: ____에서 ____을/를 했어요.
(4)	A: 누구와 ____을/를 했어요?	B: ____와 ____을/를 했어요.
(5)	A: 얼마동안 ____을/를 했어요?	B: ____동안 ____을/를 했어요.
(6)	A: 어땠어요?	B: 재미있었어요. Or 재미없었어요.

(3) 앞에서 배운 단어 복습하기

1) 선생님이 단어를 영어로 말하면, 학생들이 공책에 한글로 적습니다.

1. 오늘의 10 문장 (Today's 10 sentences)

(1) 다음 한글 문장을 읽고 영어로 번역하세요. (Translate the Korean sentences into English.)

	Korean (한글)	English (영어)
(1)	오늘은 며칠이에요?	
(2)	오늘은 15 일이에요.	
(3)	오늘은 무슨 요일이에요?	
(4)	오늘은 토요일이에요.	
(5)	어제는 금요일이에요.	
(6)	내일은 일요일이에요.	
(7)	크리스마스는 몇월 며칠이에요?	
(8)	크리스마스는 12 월 25 일이에요.	
(9)	지금 몇 시예요?	
(10)	1 시 15 분이에요.	

(정답은 다음 페이지에: The answers are on the next page.)

정답 (ANSWER)

	Korean (한글)	English (영어)
(1)	오늘은 며칠이에요?	What's the date today?
(2)	오늘은 십오일이에요.	Today is 15th.
(3)	오늘은 무슨 요일이에요?	What day is it today?
(4)	오늘은 토요일이에요.	Today is Saturday.
(5)	어제는 금요일이에요.	Yesterday was Friday.
(6)	내일은 일요일이에요.	Tomorrow is Sunday.
(7)	크리스마스는 몇월* 며칠이에요?	When is the date of Christmas?
(8)	크리스마스는 12 월 25 일이에요.	Christmas is on December 25th.
(9)	지금 몇 시예요?	What time is it now?
(10)	1 시 15 분이에요.	It's one fifteen.

* 몇월 – What month (몇월 is pronounced as 며둴.)

2. 쓰기 (Writing)

(1) 아래 빈 칸을 채우세요. (Please fill out the blanks.)

Do NOT write numbers in the blanks BUT KOREAN words (한글).

아라비아 숫자로 쓰지 말고 한글로 씁니다. 예를 들면 (for example) 오늘이 15 일이면, 빈칸에 15 라고 쓰지말고, '십오'라고 씁니다.

	날짜, 요일, 시간
(1)	오늘은 _____월 _____일이에요.
(2)	어제는 _____월 _____일이에요.
(3)	내일은 _____월 _____일이에요.
(4)	오늘은 _____요일이에요.
(5)	어제는 _____요일이에요.
(6)	내일은 _____요일이에요.
(7)	크리스마스는 _____월 _____일이에요.
(8)	미국독립기념일은 _____월 _____일이에요.
(9)	한국 설날은 음력 _____월 _____일이에요.
(10)	지금은 _____시 _____분이에요.

(2) 공책(notebook)에 위의 10 문장을 쓰세요. (Write down the above 10 sentences on the notebook.)

* Note for teacher: 학생이 다 쓰면, 선생님이 맞춤법을 체크해서 틀린 부분을 지우고 다시 쓰게합니다. 제일 먼저 쓴 학생부터 차례로 맞춤법을 체크해 줍니다.

3. 외우기 (Memorizing)

(1) 앞의 10 문장을 외워봅시다. (Memorize the 10 sentences.)

* Note for teacher in the classroom:
    1) 처음에는 학생 혼자 외우게 합니다.
    2) 3-4 분후에는 짝을 지워 서로 외운 것을 확인하게 합니다.
    3) 3-4 분후, 앞에 나와서 발표를 하게합니다.

4. 말하기 (Speaking) – 친구와 대화하기 (Talking with a classmate)

(1) 학생 2 명이 짝을 지워 1:1 대화를 하게합니다. (Talk with your partner the following dialogue.)

	질문 (Ask)	대답 (Answer)
(1)	A: 오늘은 며칠이에요?	B: 오늘은 ____월 ____일이에요.
(2)	A: 어제는 몇월 며칠이에요?	B: 어제는 ____월 ____일이에요.
(3)	A: 내일은 몇월 며칠이에요?	B: 내일은 ____월 ____일이에요.
(4)	A: 오늘은 무슨 요일이에요?	B: 오늘은 _____요일이에요.
(5)	A: 어제는 무슨 요일이에요?	B: 어제는 _____요일이에요.
(6)	A: 내일은 무슨 요일이에요?	B: 내일은 _____요일이에요.
(7)	A: 크리스마스는 몇월 며칠이에요?	B: 크리스마스는 ____월 ____일이에요.
(8)	A: 미국독립기념일은 몇월 며칠이에요?	B: 미국독립기념일은 ____월 ____일이에요.
(9)	A: 한국의 설날은 몇월 며칠이에요?	B: 한국의 설날은 음력 ____월 ____일이에요.
(10)	A: 지금 몇시예요?	B: 지금은 ____시 _____분이에요.

(2) 학생 2 명이 앞으로 나와 다른 학생들 앞에서 프레젠테이션을 합니다. (Two students stand up in front of other students and make the conversation.)

5. 오늘의 단어 (Today's words)

(1) 단어 외우기 (Memorise the following words)

	한글	English		한글	English
(1)	며칠이에요?	What's the date?	(6)	미국독립기념일	Independence Day
(2)	오늘		(7)	설날	Lunar New Year's Day
(3)	어제		(8)	몇시	What time?
(4)	내일		(9)	지금	Now
(5)	요일		(10)	일월 십오일	January 15th

(2) 오늘 추가로 배운 단어를 정리합니다. (Write down the <u>new</u> words that you learned on today's class)

* Note for teacher:
   1) 칠판에 적어 놓은 단어(한글)들을 여기 빈칸에 적게 합니다.
   2) 한글을 다 적은 다음, 영어로 그 뜻을 쓰게 합니다.

* If you study this book by yourself, write down in the blanks the new Korean words you learned today.

	한글	English		한글	English
(1)	음력	Lunar calendar	(6)		
(2)			(7)		
(3)			(8)		
(4)			(9)		
(5)			(10)		

(3) 오늘 배운 단어 테스트 (Vocabulary test)

1) 선생님이 단어를 영어로 말하면, 학생들이 공책에 한글로 적습니다. (If the teacher speaks the words in English, the students write down the matching Korean words on the notebook.)

6. 숙제 – 부모님과 (또는 친구와) 대화하기

(1) 집에서 부모님과 (또는 친구와) 1:1 로 대화를 하세요.

	질문 (Ask)	대답 (Answer)
(1)	A (부모님): 오늘은 며칠이에요?	B (나): 오늘은 ____월 ____일이에요.
(2)	A: 어제는 몇월 며칠이에요?	B: 어제는 ____월 ____일이에요.
(3)	A: 내일은 몇월 며칠이에요?	B: 내일은 ____월 ____일이에요.
(4)	A: 오늘은 무슨 요일이에요?	B: 오늘은 _____요일이에요.
(5)	A: 어제는 무슨 요일이에요?	B: 어제는 _____요일이에요.
(6)	A: 내일은 무슨 요일이에요?	B: 내일은 _____요일이에요.
(7)	A: 크리스마스는 몇월 며칠이에요?	B: 크리스마스는 ____월 ____일이에요.
(8)	A: 미국독립기념일은 몇월 며칠이에요?	B: 미국독립기념일은 ____월 ____일이에요.
(9)	A: 한국의 설날은 몇월 며칠이에요?	B: 한국의 설날은 음력 ____월 ____일이에요.
(10)	A: 지금 몇시예요?	B: 지금은 ____시 _____분이에요.

(2) 날짜 관련 10 문장을 공책에 <u>세 번</u> 쓰세요. (Write down the 10 sentences on the notebook 3 times.)

(3) '오늘 배운 단어'를 부모님과 (또는 친구와) 공부하세요.

(Blank)

8과. 라면 끓이기 (Cooking Ramen)

0. 복습하기 (Review of the previous chapters)

(1) 앞에서 배운 10 문장 (7 과. 날짜, 요일, 시간 문장) 쓰기 – 공책에 앞에서 배운 10 문장을 씁니다. (Write down the 10 sentences from the previous chapters on the notebook.)

(2) 앞에서 배운 10 문장 말하기 – 한 명씩 나와서 발표를 합니다. (Stand up in front of other students and talk the 10 sentences from the previous chapters.)

(3) 앞에서 배운 단어 복습하기 (Review the words that you learned from the previous chapters) – 선생님이 단어를 영어로 말하면, 학생들이 공책에 한글로 적습니다. (When the teacher speaks the words in English, the students write down the matching Korean words on the notebook.)

1. 오늘의 10 문장 (Today's 10 sentences)

(1) 다음 한글 문장을 읽고 영어로 번역하세요. (Translate the Korean sentences into English.)

	Korean (한글)	English (영어)
(1)	엄마, 라면 먹고 싶어요.	
(2)	라면 끓여 주세요.	
(3)	엄마 지금 바빠요. 네가 끓이면 안될까?	
(4)	네, 제가 할게요.	
(5)	엄마, 라면 어디 있어요?	
(6)	팬트리에 있어.	
(7)	냄비에 물을 넣고 끓인다.	
(8)	스프와 라면을 넣는다. 4 분 동안 끓인다.	
(9)	라면은 맛있어요.	
(10)	라면을 먹은 후, 책을 읽어요.	

(정답은 다음 페이지에: The answers are on the next page.)

정답 (ANSWER)

	Korean (한글)	English (영어)
(1)	엄마. 라면 먹고 싶어요.	Mom, I want to eat Ramen.
(2)	라면 끓여 주세요.	Please cook Ramen.
(3)	엄마 지금 바빠요. 네가 끓이면 안될까?	Mom is busy now. Why don't you cook Ramen by yourself?
(4)	네, 제가 할게요.	Okay, I will do it.
(5)	엄마, 라면 어디 있어요?	Mom, where is Ramen?
(6)	팬트리에 있어.	In the pantry.
(7)	냄비에 물을 넣고 끓인다.	Put water in a pot and boil it.
(8)	스프와 라면을 넣는다. 4 분 동안 끓인다.	Put soup and noodles. Cook for 4 minutes.
(9)	라면은 맛있어요.	Ramen is delicious.
(10)	라면을 먹은 후, 책을 읽어요.	After I eat Ramen, I read a book.

2. 쓰기 (Writing)

(1) 다음 영어 문장을 한글로 번역하세요. (Translate the English sentences into Korean.)

	English (영어)	Korean (한글)
(1)	Mom, I want to eat Ramen.	
(2)	Please cook Ramen.	
(3)	Mom is busy now. Why don't you cook Ramen by yourself?	
(4)	Okay, I will.	
(5)	Mom, where is Ramen?	
(6)	In the pantry.	
(7)	Put water in a pot and boil it.	
(8)	Put soup and noodles. Cook for 4 minutes.	
(9)	Ramen is delicious.	
(10)	After I eat Ramen, I read a book.	

(2) 공책(notebook)에 위의 10 한글 문장을 쓰세요. (Write down the above 10 Korean sentences on the notebook.)

* Note for teacher: 학생이 다 쓰면, 선생님이 맞춤법을 체크해서 틀린 부분을 지우고 다시 쓰게합니다. 제일 먼저 쓴 학생부터 차례로 맞춤법을 체크해 줍니다.

3. 외우기 (Memorizing)

(1) 앞의 10 문장을 외워봅시다. (Memorize the 10 sentences.)

* Note for teacher in the classroom:
    1) 처음에는 학생 혼자 외우게 합니다.
    2) 3-4 분후에는 짝을 지워 서로 외운 것을 확인하게 합니다.
    3) 3-4 분후, 앞에 나와서 발표를 하게합니다.

4. 말하기 (Speaking) – 친구와 대화하기 (Talking with a classmate)

(1) 학생 2 명이 짝을 지워 1:1 대화를 하게합니다. (Talk with your partner the following dialogue.)

한 학생이 다른 학생에게 영어 문장을 말하면, 다른 학생은 한글로 대답합니다. (When a student says in English, the other student translates it to Korean.)

	English (영어)	Korean (한글)
(1)	Mom, I want to eat Ramen.	엄마. 라면 먹고 싶어요.
(2)	Please cook Ramen.	라면 끓여 주세요.
(3)	Mom is busy now. Why don't you cook Ramen by yourself?	엄마 지금 바빠요. 네가 끓이면 안될까?
(4)	Okay, I will.	네, 알겠어요.
(5)	Mom, where is Ramen?	엄마, 라면 어디 있어요?
(6)	In the pantry.	팬트리에 있어.
(7)	Put water in a pot and boil it.	냄비에 물을 넣고 끓인다.
(8)	Put soup and noodles. Cook for 4 minutes.	스프와 라면을 넣는다. 4 분 동안 끓인다.
(9)	Ramen is delicious.	라면은 맛있어요.
(10)	After I eat Ramen, I read a book.	라면을 먹은 후, 책을 읽어요.

(2) 선생님이 영어로 문장을 말하면, 학생들이 한글로 답하게 합니다. (When the teacher says in English, the students translates it to Korean.)

5. 오늘의 단어 (Today's words)

(1) 단어 외우기 (Memorise the following words)

	한글	English			한글	English
(1)	먹고 싶어요	Want to eat	(6)		물을 끓이다	Boil water
(2)	라면 끓여 주세요	Please cook Ramen	(7)		넣는다	Put in
(3)	어디 있어요?	Where is?	(8)		바빠요	Busy
(4)	냄비		(9)		맛있어요	Delicious
(5)	물		(10)		책을 읽어요	Read a book

(2) 오늘 추가로 배운 단어를 정리합니다. (Write down the <u>new</u> words that you learned on today's class)

> * Note for teacher:
> 1) 칠판에 적어 놓은 단어(한글)들을 여기 빈칸에 적게 합니다.
> 2) 한글을 다 적은 다음, 영어로 그 뜻을 쓰게 합니다.

* If you study this book by yourself, write down in the blanks the new Korean words you learned today.

	한글	English			한글	English
(1)	먹은 후	After I eat	(6)			
(2)			(7)			
(3)			(8)			
(4)			(9)			
(5)			(10)			

(3) 오늘 배운 단어 테스트 (Vocabulary test)

1) 선생님이 단어를 영어로 말하면, 학생들이 공책에 한글로 적습니다. (If the teacher speaks the words in English, the students write down the matching Korean words on the notebook.)

6. 숙제 – 부모님과 (또는 친구와) 대화하기

(1) 집에서 부모님과 (또는 친구와) 1:1 로 대화를 하세요.

	English (영어)	Korean (한글)
(1)	Mom. I want to eat Ramen.	엄마. 라면 먹고 싶어요.
(2)	Please cook Ramen.	라면 끓여 주세요.
(3)	Mom is busy now. Why don't you cook Ramen by yourself?	엄마 지금 바빠요. 네가 끓이면 안될까?
(4)	Okay, I will.	네, 알겠어요.
(5)	Mom, where is Ramen?	엄마, 라면 어디 있어요?
(6)	In the pantry.	팬트리에 있어.
(7)	Put water in a pot and boil it.	냄비에 물을 넣고 끓인다.
(8)	Put soup and noodles. Cook for 4 minutes.	스프와 라면을 넣는다. 4 분 동안 끓인다.
(9)	Ramen is delicious.	라면은 맛있어요.
(10)	After I eat Ramen, I read a book.	라면을 먹은 후, 책을 읽어요.

(2) 위의 한글 10 문장을 공책에 세 번 쓰세요. (Write down the 10 sentences on the notebook 3 times.)

(3) '오늘 배운 단어'를 부모님과 (또는 친구와) 공부하세요.

부록: 요리 레서피를 이용해 한글 배우기

집에 가서 엄마랑 요리 하나를 선택해서 요리 레서피를 한글로 작성하게 합니다.

1) 레서피를 순서대로 적어오게 합니다. 컴퓨터로 문서를 작성하여 프린트해서 제출하게 합니다.

2) 이것을 다음 시간에 발표하게 합니다.

9 과. 생일 (Birthday)

0. 복습하기 (Review of the previous chapter)

(1) 앞에서 배운 10 문장 (8 과. 라면 끓이기 문장) 쓰기 – 공책에 앞에서 배운 10 문장을 씁니다. (Write down the 10 sentences from the previous chapter on the notebook.)

(2) 앞에서 배운 10 문장 말하기 – 한 명씩 나와서 발표를 합니다. (Stand up in front of other students and talk the 10 sentences from the previous chapter.)

(3) 앞에서 배운 단어 복습하기 (Review the words that you learned from the previous chapter) – 선생님이 단어를 영어로 말하면, 학생들이 공책에 한글로 적습니다. (When the teacher speaks the words in English, the students write down the matching Korean words on the notebook.)

1. 오늘의 10 문장 (Today's 10 sentences)

(1) 다음 한글 문장을 읽고 영어로 번역하세요. (Translate the Korean sentences into English.)

	Korean (한글)	English (영어)
(1)	생일이 언제예요?	
(2)	내 생일은 십일월 이십오일이에요.	
(3)	몇 년도에 태어났어요?	
(4)	이천 팔년*에 태어났어요.	
(5)	지금 몇 살이에요?	
(6)	열 한 살이에요	
(7)	어디에서 태어났어요?	
(8)	저는 내쉬빌에서 태어났어요.	
(9)	엄마의 생일은 삼월 사일이에요.	
(10)	아빠의 생일은 6 월 30 일이에요.	

(정답은 다음 페이지에: The answers are on the next page.)

* 이천 팔년 = 2008, 천 = thousand, 년 = year

정답 (ANSWER)

	Korean (한글)	English (영어)
(1)	생일이 언제예요?	When is your birthday?
(2)	내 생일은 십일월 이십오일이에요.	My birthday is November 25th.
(3)	몇 년도에 태어났어요?	In what year were you born?
(4)	이천 팔년에 태어났어요.	I was born in 2008.
(5)	지금 몇 살이에요?	How old are you?
(6)	열 한 살이에요	I am 11 years old.
(7)	어디에서 태어났어요?	Where were you born?
(8)	저는 내쉬빌에서 태어났어요.	I was born in Nashville.
(9)	엄마의 생일은 삼월 사일이에요.	My mother's birthday is March 4th.
(10)	아빠의 생일은 6월 30일이에요.	My father's birthday is June 30th.

2. 쓰기 (Writing)

(1) 아래 빈 칸에 생일에 대해 써보세요. (Please fill out the blanks about your birthday and your family's birthdays.)

* Note for teacher: 혹시 학생들이 부모님 생일을 모른다고 하면, 부모님께 카톡을 보내서 알아보세요.

	생일
(1)	저의 생일은 _____ 월 _____일이에요.
(2)	저는 _____년에 태어났어요.
(3)	저는 _____에서 태어났어요.
(4)	저는 _____살이에요. (나이)
(5)	엄마의 생일은 _____ 월 _____일이에요.
(6)	아빠의 생일은 _____ 월 _____일이에요.
(7)	형/오빠/언니/누나/동생의 생일은 _____ 월 _____일이에요.
(8)	엄마는 _____살이에요. (나이)
(9)	아빠는 _____살이에요. (나이)
(10)	형/오빠/언니/누나/동생은 _____살이에요. (나이)

(2) 공책(notebook)에 위의 10 문장을 쓰세요. (Write down the above 10 sentences on the notebook.)

* Note for teacher: 학생이 다 쓰면, 선생님이 맞춤법을 체크해서 틀린 부분을 지우고 다시 쓰게합니다. 제일 먼저 쓴 학생부터 차례로 맞춤법을 체크해 줍니다.

3. 외우기 (Memorizing)

(1) 앞의 10 문장을 외워봅시다. (Memorize the 10 sentences.)

* Note for teacher in the classroom:
  1) 처음에는 학생 혼자 외우게 합니다.
  2) 3-4 분후에는 짝을 지워 서로 외운 것을 확인하게 합니다.
  3) 3-4 분후, 앞에 나와서 발표를 하게합니다.

4. 말하기 (Speaking) – 선생님과 대화하기 (Talking with teacher)

(1) 선생님이 학생과 1:1 로 대화를 합니다. (Talk with your teacher the following dialogue)

	질문 (Ask)	대답 (Answer)
(1)	A (선생님): OO 는 생일이 언제예요?	B (나): 저의 생일은 ____월 ____일이에요.
(2)	A: 몇 년도에 태어났어요?	B: _____년에 태어났어요.
(3)	A: 지금 몇 살이에요?	B: _____살이에요.
(4)	A: 어디에서 태어났어요?	B: _____에서 태어났어요.
(5)	A: 엄마의 생일은 언제예요?	B: 엄마의 생일은 ____월 ____일이에요.
(6)	A: 아빠의 생일은 언제예요?	B: 아빠의 생일은 ____월 ____일이에요.
(7)	A: 형/오빠/언니/누나/동생의 생일은 언제예요?	B: ____의 생일은 ____월 ____일이에요.
(8)	A: 엄마는 몇 살이에요?	B: 엄마는 _____살이에요.
(9)	A: 아빠는 몇 살이에요?	B: 아빠는 _____살이에요.
(10)	A: 형/오빠/언니/누나/동생은 몇 살이에요?	B: ____는 _____살이에요.

(2) 학생 2 명을 짝을 지워 1:1 대화를 합니다. (Talk with your partner the previous dialogue.)

(3) 학생 2 명이 앞으로 나와 다른 학생들 앞에서 프레젠테이션을 합니다. (Two students stand up in front of other students and make the conversation.)

5. 오늘의 단어 (Today's words)

(1) 단어 외우기 (Memorise the following words)

	한글	English		한글	English
(1)	생일		(6)	열 한 살	
(2)	십일월 이십오일		(7)	삼월 사일	
(3)	몇 년도		(8)	유월 삼십일	
(4)	태어나다	Be born	(9)	마흔 다섯 살	45 years old
(5)	몇 살	How old	(10)	육십 네 살	64 years old

(2) 오늘 추가로 배운 단어를 정리합니다. (Write down the <u>new</u> words that you learned on today's class)

> * Note for teacher:
>   1) 칠판에 적어 놓은 단어(한글)들을 여기 빈칸에 적게 합니다.
>   2) 한글을 다 적은 다음, 영어로 그 뜻을 쓰게 합니다.

* If you study this book by yourself, write down in the blanks the new Korean words you learned today.

	한글	English		한글	English
(1)			(6)		
(2)			(7)		
(3)			(8)		
(4)			(9)		
(5)			(10)		

(3) 오늘 배운 단어 테스트 (Vocabulary test)

1) 선생님이 단어를 영어로 말하면, 학생들이 공책에 한글로 적습니다. (If the teacher speaks the words in English, the students write down the matching Korean words on the notebook.)

6. 숙제 – 부모님과 (또는 친구와) 대화하기

(1) 집에서 부모님과 (또는 친구와) 1:1 로 대화를 하세요.

	질문 (Ask)	대답 (Answer)
(1)	A (부모님): OO 는 생일이 언제예요?	B (나): 저의 생일은 ____월 ____일이에요.
(2)	A: 몇 년도에 태어났어요?	B: _____년에 태어났어요.
(3)	A: 지금 몇 살이에요?	B: _____살이에요.
(4)	A: 어디에서 태어났어요?	B: _____에서 태어났어요.
(5)	A: 엄마의 생일은 언제예요?	B: 엄마의 생일은 ____월 ____일이에요.
(6)	A: 아빠의 생일은 언제예요?	B: 아빠의 생일은 ____월 ____일이에요.
(7)	A: 형/오빠/언니/누나/동생의 생일은 언제예요?	B: ____의 생일은 ____월 ____일이에요.
(8)	A: 엄마는 몇 살이에요?	B: 엄마는 _____살이에요.
(9)	A: 아빠는 몇 살이에요?	B: 아빠는 _____살이에요.
(10)	A: 형/오빠/언니/누나/동생은 몇 살이에요?	B: ____는 _____살이에요.

(2) 생일 관련 10 문장을 공책에 <u>세 번</u> 쓰세요. (Write down the 10 sentences on the notebook 3 times.)

(3) '오늘 배운 단어'를 부모님과 (또는 친구와) 공부하세요.

(Blank)

10 과. 한국 소개 (About Korea)

0. 복습하기 (Review of the previous chapter)

(1) 생일관련 10 문장 쓰기 – 공책에 생일관련 10 문장을 씁니다. (Write down the 10 sentences from the previous chapter on the notebook.)

(2) 생일관련 10 문장 말하기 – 한 명씩 나와서 생일관련 10 문장을 말합니다. (Stand up in front of other students and talk the 10 sentences from the previous chapter.)

(3) 앞에서 배운 단어 복습하기 (Review the words that you learned from the previous chapter) – 선생님이 단어를 영어로 말하면, 학생들이 공책에 한글로 적습니다. (When the teacher speaks the words in English, students write down the matching Korean words on the notebook.)

1. 오늘의 10 문장 (Today's 10 sentences)

(1) 다음 한글 문장을 읽고 영어로 번역하세요. (Translate the Korean sentences into English.)

	Korean (한글)	English (영어)
(1)	한국의 수도는 서울이에요.	
(2)	한국의 인구는 약* 오천만명이에요.	
(3)	한국의 국기는 태극기예요.	
(4)	한국의 국가는 애국가예요.	
(5)	한국의 국화는 무궁화예요.	
(6)	한국은 동아시아에 있어요.	
(7)	한국의 대통령은 OOO 이에요.	
(8)	북한의 수도는 평양이에요.	
(9)	북한의 인구는 약 이천오백만명이에요.	
(10)	한국의 유명한 기업은 삼성, 현대, 엘지 등*이 있어요.	

(정답은 다음 페이지에: The answers are on the next page.)

* 약: approximately, about

* 등: etc.

정답 (ANSWER)

	Korean (한글)	English (영어)
(1)	한국의 수도는 서울이에요.	The capital city of South Korea is Seoul.
(2)	한국의 인구는 약 오천만명이에요.	The population of South Korea is about 50 million.
(3)	한국의 국기는 태극기예요.	South Korea's national flag is called TaeGeugGi.
(4)	한국의 국가는 애국가예요.	South Korea's national anthem is called AeGoogGa.
(5)	한국의 국화는 무궁화예요.	South Korea's national flower is MooGoongHwa.
(6)	한국은 동아시아에 있어요.	South Korea is in the East Asia.
(7)	한국의 대통령은 OOO 이에요.	South Korea's president is OOO.
(8)	북한의 수도는 평양이에요.	The capital city of North Korea is PyungYang.
(9)	북한의 인구는 약 이천오백만명이에요.	The population of North Korea is about 25 million.
(10)	한국의 유명한 기업은 삼성, 현대, LG 등이 있어요.	Korean famous companies include Samsung, Hyundai, LG, etc..

2. 쓰기 (Writing)

(1) 아래 빈 칸에 알맞은 말을 넣으세요. (Please fill out the blanks.)

	한국 소개
(1)	한국의 수도는 _____이에요.
(2)	한국의 인구는 약 _____이에요.
(3)	한국의 국기는 _____예요.
(4)	한국의 국가는 _____예요.
(5)	한국의 국화는 _____예요.
(6)	한국은 _____에 있어요.
(7)	한국의 대통령은_____이에요.
(8)	북한의 수도는 _____이에요.
(9)	북한의 인구는 약 _____이에요.
(10)	한국의 유명한 기업은 _____, _____, _____ 등이 있어요.

(2) 공책(notebook)에 위의 한국 소개 10 문장을 쓰세요. (Write down the above 10 sentences on the notebook.)

* Note for teacher: 학생이 다 쓰면, 선생님이 맞춤법을 체크해서 틀린 부분을 지우고 다시 쓰게합니다. 제일 먼저 쓴 학생부터 차례로 맞춤법을 체크해 줍니다.

3. 외우기 (Memorizing)

(1) 앞의 10 문장을 외워봅시다. (Memorize the 10 sentences.)

* Note for teacher in the classroom:
    1) 처음에는 학생 혼자 외우게 합니다.
    2) 3-4 분후에는 짝을 지워 서로 외운 것을 확인하게 합니다.
    3) 3-4 분후, 앞에 나와서 발표를 하게합니다.

4. 말하기 (Speaking) – 선생님과 대화하기 (Talking with teacher)

(1) 선생님이 학생과 1:1 로 대화를 합니다. (Talk with your teacher the following dialogue)

	질문 (Ask)	대답 (Answer)
(1)	A (선생님): 한국의 수도는 어디예요?	B (나): 한국의 수도는 서울이에요.
(2)	A: 한국의 인구는 얼마예요?	B: 한국의 인구는 약 오천만명이에요.
(3)	A: 한국의 국기는 무엇이에요?	B: 한국의 국기는 태극기예요.
(4)	A: 한국의 국가는 무엇이에요?	B: 한국의 국가는 애국가예요.
(5)	A: 한국의 국화는 무엇이에요?	B: 한국의 국화는 무궁화예요.
(6)	A: 한국은 어디에 있어요?	B: 한국은 동아시아에 있어요.
(7)	A: 한국의 대통령은 누구예요?	B: 한국의 대통령은 OOO 이에요.
(8)	A: 북한의 수도는 어디예요?	B: 북한의 수도는 평양이에요.
(9)	A: 북한의 인구는 얼마예요?	B: 북한의 인구는 약 이천오백만명이에요.
(10)	A: 한국의 유명한 기업은 무엇이에요?	B: 한국의 유명한 기업은 삼성, 현대, LG 등이 있어요.

(2) 학생 2 명을 짝을 지워 1:1 대화를 합니다. (Talk with your partner the previous dialogue.)

(3) 학생 2 명이 앞으로 나와 다른 학생들 앞에서 프레젠테이션을 합니다. (Two students stand up in front of other students and make the conversation.)

5. 오늘의 단어 (Today's words)

(1) 단어 외우기 (Memorise the following words)

	한글	English		한글	English
(1)	수도		(6)	대통령	
(2)	인구		(7)	유명한	
(3)	국기		(8)	기업	
(4)	국가		(9)	오천만명	
(5)	국화		(10)	등	

(2) 오늘 추가로 배운 단어를 정리합니다. (Write down the new words that you learned on today's class)

* Note for teacher:
  1) 칠판에 적어 놓은 단어(한글)들을 여기 빈칸에 적게 합니다.
  2) 한글을 다 적은 다음, 영어로 그 뜻을 쓰게 합니다.

* If you study this book by yourself, write down in the blanks the new Korean words you learned today.

	한글	English		한글	English
(1)			(6)		
(2)			(7)		
(3)			(8)		
(4)			(9)		
(5)			(10)		

(3) 오늘 배운 단어 테스트 (Vocabulary test)

1) 선생님이 단어를 영어로 말하면, 학생들이 공책에 한글로 적습니다. (If the teacher speaks the words in English, the students write down the matching Korean words on the notebook.)

6. 숙제 – 부모님과 (또는 친구와) 대화하기

(1) 집에서 부모님과 (또는 친구와) 1:1 로 대화를 하세요.

	질문 (Ask)	대답 (Answer)
(1)	A (부모님): 한국의 수도는 어디예요?	B (나): 한국의 수도는 서울이에요.
(2)	A: 한국의 인구는 얼마예요?	B: 한국의 인구는 약 오천만명이에요.
(3)	A: 한국의 국기는 무엇이에요?	B: 한국의 국기는 태극기예요.
(4)	A: 한국의 국가는 무엇이에요?	B: 한국의 국가는 애국가예요.
(5)	A: 한국의 국화는 무엇이에요?	B: 한국의 국화는 무궁화예요.
(6)	A: 한국은 어디에 있어요?	B: 한국은 동아시아에 있어요.
(7)	A: 한국의 대통령은 누구예요?	B: 한국의 대통령은 문재인이에요.
(8)	A: 북한의 수도는 어디예요?	B: 북한의 수도는 평양이에요.
(9)	A: 북한의 인구는 얼마예요?	B: 북한의 인구는 약 이천오백만명이에요.
(10)	A: 한국의 유명한 기업은 무엇이에요?	B: 한국의 유명한 기업은 삼성, 현대, LG 등이 있어요.

(2) 한국관련 10 문장을 공책에 <u>세 번</u> 쓰세요. (Write down the 10 sentences on the notebook 3 times.)

(3) '오늘 배운 단어'를 부모님과 (또는 친구와) 공부하세요.

부록: 애국가를 이용한 한글 및 한국지리 가르치기

유투브(YouTube)에서 "[박형진의 한글교육 자료실] 02. 애국가를 이용한 한글 및 한국지리 가르치기"를 보세요.

11 과. 날씨 (Weather)

0. 복습하기 (Review of the previous chapter)

(1) 한국소개 10 문장 쓰기 – 공책에 한국소개 10 문장을 씁니다. (Write down the 10 sentences from the previous chapter on the notebook.)

(2) 한국소개 10 문장 말하기 – 한 명씩 나와서 한국소개를 합니다. (Stand up in front of other students and talk the 10 sentences from the previous chapter.)

(3) 앞에서 배운 단어 복습하기 (Review the words that you learned from the previous chapter) – 선생님이 단어를 영어로 말하면, 학생들이 공책에 한글로 적습니다. (When the teacher speaks the words in English, students write down the matching Korean words on the notebook.)

1. 오늘의 12 문장 (Today's 12 sentences)

(1) 다음 한글 문장을 읽고 영어로 번역하세요. (Translate the Korean sentences into English.)

	Korean (한글)	English (영어)
(1)	오늘은 날씨가 어때요?	
(2)	오늘은 날씨가 좋아요.	
(3)	지금 비가 와요.	
(4)	오늘은 날씨가 흐려요.	
(5)	오늘은 따뜻해요.	
(6)	오늘은 추워요.	
(7)	내일 날씨는 어때요?	
(8)	내일은 오늘보다 더 추워요.*	
(9)	이번 주말 날씨는 어때요?	
(10)	정말 좋아요.	
(11)	여름에는 더워요.	
(12)	겨울에는 추워요.	

(정답은 다음 페이지에: The answers are on the next page.)

* ~보다 = than, 더 = more

Ex) 톰은 존보다 키가 더 커요. = Tom is taller than John.

이것은 저것보다 더 비싸요. = This is more expensive than that.

정답 (ANSWER)

	Korean (한글)	English (영어)
(1)	오늘은 날씨가 어때요?	How's the weather today?
(2)	오늘은 날씨가 좋아요.	It's wonderful today.
(3)	지금 비가 와요.	It's raining now.
(4)	오늘은 날씨가 흐려요.	It's cloudy today.
(5)	오늘은 따뜻해요.	It's warm today.
(6)	오늘은 추워요.	It's cold today.
(7)	내일 날씨는 어때요?	How's the weather tomorrow?
(8)	내일은 오늘보다 더 추워요.	Tomorrow is colder than today.
(9)	이번 주말 날씨는 어때요?	How's the weather this weekend?
(10)	정말 좋아요.	Very good.
(11)	여름에는 더워요.	It's hot in summer.
(12)	겨울에는 추워요.	It's cold in winter.

2. 쓰기 (Writing)

(1) 다음 영어 문장을 읽고 한글로 번역하세요. (Translate the English sentences into Korean.)

	English (영어)	Korean (한글)
(1)	How's the weather today?	
(2)	It's wonderful today.	
(3)	It's raining now.	
(4)	It's cloudy today.	
(5)	It's warm today.	
(6)	It's cold today.	
(7)	How's the weather tomorrow?	
(8)	Tomorrow is colder than today.	
(9)	How's the weather this weekend?	
(10)	Very good.	
(11)	It's hot in summer.	
(12)	It's cold in winter.	

(2) 공책(notebook)에 위의 12 문장을 쓰세요. (Write down the above 12 sentences on the notebook.)

* Note for teacher: 학생이 다 쓰면, 선생님이 맞춤법을 체크해서 틀린 부분을 지우고 다시 쓰게합니다. 제일 먼저 쓴 학생부터 차례로 맞춤법을 체크해 줍니다.

3. 외우기 (Memorizing)

(1) 앞의 12 문장을 외워봅시다. (Memorize the 12 sentences.)

* Note for teacher in the classroom:
    1) 처음에는 학생 혼자 외우게 합니다.
    2) 3-4 분후에는 짝을 지워 서로 외운 것을 확인하게 합니다.
    3) 3-4 분후, 앞에 나와서 발표를 하게합니다.

4. 말하기 (Speaking) – 선생님과 대화하기 (Talking with teacher)

(1) 선생님이 학생에게 영어 문장을 말하면, 학생은 한글로 대답합니다. (When a teacher says in English, a student translates it to Korean.)

	English (영어)	Korean (한글)
(1)	How's the weather today?	오늘은 날씨가 어때요?
(2)	It's wonderful today.	오늘은 날씨가 좋아요.
(3)	It's raining now.	지금 비가 와요.
(4)	It's cloudy today.	오늘은 날씨가 흐려요.
(5)	It's warm today.	오늘은 따뜻해요.
(6)	It's cold today.	오늘은 추워요.
(7)	How's the weather tomorrow?	내일 날씨는 어때요?
(8)	Tomorrow is colder than today.	내일은 오늘보다 더 추워요.
(9)	How's the weather this weekend?	이번 주말 날씨는 어때요?
(10)	Very good.	정말 좋아요.
(11)	It's hot in summer.	여름에는 더워요.
(12)	It's cold in winter.	겨울에는 추워요.

(2) 선생님과 대화후, 학생 2 명을 짝을 지워 1:1 대화를 하게합니다. (Do with your partner the above translation.)

5. 오늘의 단어 (Today's words)

(1) 단어 외우기 (Memorise the following words)

	한글	English		한글	English
(1)	날씨		(6)	추워요	
(2)	좋아요		(7)	오늘보다	
(3)	비가 와요		(8)	여름	
(4)	흐려요		(9)	겨울	
(5)	따뜻해요		(10)	주말	

(2) 오늘 추가로 배운 단어를 정리합니다. (Write down the <u>new</u> words that you learned on today's class)

> * Note for teacher:
>   1) 칠판에 적어 놓은 단어(한글)들을 여기 빈칸에 적게 합니다.
>   2) 한글을 다 적은 다음, 영어로 그 뜻을 쓰게 합니다.

* If you study this book by yourself, write down in the blanks the new Korean words you learned today.

	한글	English		한글	English
(1)	봄	Spring	(6)		
(2)			(7)		
(3)			(8)		
(4)			(9)		
(5)			(10)		

(3) 오늘 배운 단어 테스트 (Vocabulary test)

1) 선생님이 단어를 영어로 말하면, 학생들이 공책에 한글로 적습니다. (If the teacher speaks the words in English, the students write down the matching Korean words on the notebook.)

6. 숙제 – 부모님과 (또는 친구와) 대화하기

(1) 집에서 부모님과 (또는 친구와) 1:1 로 대화를 하세요.

	English (영어)	Korean (한글)
(1)	How's the weather today?	오늘은 날씨가 어때요?
(2)	It's wonderful today.	오늘은 날씨가 좋아요.
(3)	It's raining now.	지금 비가 와요.
(4)	It's cloudy today.	오늘은 날씨가 흐려요.
(5)	It's warm today.	오늘은 따뜻해요.
(6)	It's cold today.	오늘은 추워요.
(7)	How's the weather tomorrow?	내일 날씨는 어때요?
(8)	Tomorrow is colder than today.	내일은 오늘보다 더 추워요.
(9)	How's the weather this weekend?	이번 주말 날씨는 어때요?
(10)	Very good.	정말 좋아요.
(11)	It's hot in summer.	여름에는 더워요.
(12)	It's cold in winter.	겨울에는 추워요.

(2) 위의 한글 12 문장을 공책에 <u>세 번</u> 쓰세요. (Write down the 10 sentences on the notebook 3 times.)

(3) '오늘 배운 단어'를 부모님과 (또는 친구와) 공부하세요.

(Blank)

12과. 내가 좋아하는 것 (My favorite things)

0. 복습하기 (Review of the previous chapter)

(1) 날씨관련 12 문장 쓰기 – 공책에 날씨관련 12 문장을 씁니다. (Write down the 12 sentences from the previous chapter on the notebook.)

(2) 날씨관련 12 문장 말하기 – 한 명씩 나와서 날씨관련 12 문장을 말합니다. (Stand up in front of other students and talk the 12 sentences from the previous chapter.)

(3) 앞에서 배운 단어 복습하기 (Review the words that you learned from the previous chapter) – 선생님이 단어를 영어로 말하면, 학생들이 공책에 한글로 적습니다. (When the teacher speaks the words in English, students write down the matching Korean words on the notebook.)

1. 오늘의 10 문장 (Today's 10 sentences)

(1) 다음 한글 문장을 읽고 영어로 번역하세요. (Translate the Korean sentences into English.)

	Korean (한글)	English (영어)
(1)	한국음식 좋아해요?	
(2)	가장 좋아하는 한국음식이 뭐예요?	
(3)	제가 가장 좋아하는 한국음식은 불고기예요.	
(4)	제가 가장 좋아하는 색깔은 보라색이에요.	
(5)	제가 가장 좋아하는 도시는 내쉬빌이에요.	
(6)	제가 가장 좋아하는 스포츠는 축구이에요.	
(7)	제가 가장 좋아하는 과목은 수학이에요.	
(8)	저는 벌레를 싫어해요.	
(9)	저는 수영을 좋아해요.	
(10)	저는 생일 선물로 자전거를 받고 싶어요.	

(정답은 다음 페이지에: The answers are on the next page.)

정답 (ANSWER)

	Korean (한글)	English (영어)
(1)	한국음식 좋아해요?	Do you like Korean food?
(2)	가장 좋아하는 한국음식이 뭐예요?	What is your favorite Korean food?
(3)	제가 가장 좋아하는 한국음식은 불고기예요.	My favorite Korean food is BulGoGi.
(4)	제가 가장 좋아하는 색깔은 보라색이에요.	My favorite color is purple.
(5)	제가 가장 좋아하는 도시는 내쉬빌이에요.	My favorite city is Nashville.
(6)	제가 가장 좋아하는 스포츠는 축구이에요.	My favorite sport is soccer.
(7)	제가 가장 좋아하는 과목은 수학이에요.	My favorite subject is math.
(8)	저는 벌레를 싫어해요.	I hate worms.
(9)	저는 수영을 좋아해요.	I like to swim.
(10)	저는 생일 선물로 자전거를 받고 싶어요.	I want to have a bicycle for my birthday gift.

2. 쓰기 (Writing)

(1) 아래 빈 칸에 알맞은 말을 넣어보세요. (Please fill out the blanks about your favorite things.)

	좋아하는 것
(1)	제가 가장 좋아하는 한국음식은 _____이에요.
(2)	제가 가장 좋아하는 색깔은 _____이에요.
(3)	제가 가장 좋아하는 도시는 _____이에요.
(4)	제가 가장 좋아하는 스포츠는 _____이에요.
(5)	제가 가장 좋아하는 과목은 _____이에요.
(6)	저는 _____을/를 싫어해요.
(7)	저는 _____을/를 좋아해요.
(8)	제 엄마가 가장 좋아하는 음식은 _____이에요.
(9)	제 아빠가 가장 좋아하는 음식은 _____이에요.
(10)	저는 생일 선물로 _____을/를 받고 싶어요.

(2) 공책(notebook)에 위의 10 문장을 쓰세요. (Write down the above 10 sentences on the notebook.)

* Note for teacher: 학생이 다 쓰면, 선생님이 맞춤법을 체크해서 틀린 부분을 지우고 다시 쓰게합니다. 제일 먼저 쓴 학생부터 차례로 맞춤법을 체크해 줍니다.

3. 외우기 (Memorizing)

(1) 앞의 10 문장을 외워봅시다. (Memorize the 10 sentences.)

* Note for teacher in the classroom:
   1) 처음에는 학생 혼자 외우게 합니다.
   2) 3-4 분후에는 짝을 지워 서로 외운 것을 확인하게 합니다.
   3) 3-4 분후, 앞에 나와서 발표를 하게합니다.

4. 말하기 (Speaking) – 선생님과 대화하기 (Talking with teacher)

(1) 선생님이 학생과 1:1 로 대화를 합니다. (Talk with your teacher the following dialogue)

	질문 (Ask)	대답 (Answer)
(1)	A (선생님): OO 은/는 한국음식 좋아해요?	B (나): 예, 좋아해요. Or 아니오, 안 좋아해요.
(2)	A: 가장 좋아하는 한국음식이 뭐예요?	B: 제가 가장 좋아하는 한국음식은 ___이에요.
(3)	A: 가장 좋아하는 색깔이 뭐예요?	B: 제가 가장 좋아하는 색깔은 ___이에요.
(4)	A: 가장 좋아하는 도시가 뭐예요?	B: 제가 가장 좋아하는 도시는 ___이에요.
(5)	A: 가장 좋아하는 스포츠가 뭐예요?	B: 제가 가장 좋아하는 스포츠는 ___이에요.
(6)	A: 좋아하는 과목이 뭐예요?	B: 제가 가장 좋아하는 과목은 ___이에요.
(7)	A: OO 은/는 무엇을 싫어해요?	B: 저는 _____ 을/를 싫어해요.
(8)	A: OO 은/는 무엇을 좋아해요?	B: 저는 _____ 을/를 좋아해요.
(9)	A: OO 은/는 무엇이 되고 싶어요?	B: 저는 _____ 이/가 되고 싶어요.
(10)	A: 생일 선물로 무엇을 받고 싶어요?	B: 저는 생일 선물로 ___을/를 받고 싶어요.

(2) 학생 2 명을 짝을 지워 1:1 대화를 합니다. (Talk with your partner the previous dialogue.)

(3) 학생 2 명이 앞으로 나와 다른 학생들 앞에서 프레젠테이션을 합니다. (Two students stand up in front of other students and make the conversation.)

5. 오늘의 단어 (Today's words)

(1) 단어 외우기 (Memorise the following words)

	한글	English		한글	English
(1)	한국음식		(6)	과목	
(2)	좋아하는		(7)	싫어해요	
(3)	색깔		(8)	좋아해요	
(4)	도시		(9)	보라색	
(5)	스포츠		(10)	생일 선물	

(2) 오늘 추가로 배운 단어를 정리합니다. (Write down the new words that you learned on today's class)

> * Note for teacher:
> 1) 칠판에 적어 놓은 단어(한글)들을 여기 빈칸에 적게 합니다.
> 2) 한글을 다 적은 다음, 영어로 그 뜻을 쓰게 합니다.

* If you study this book by yourself, write down in the blanks the new Korean words you learned today.

	한글	English		한글	English
(1)	노란색	Yellow	(6)		
(2)			(7)		
(3)			(8)		
(4)			(9)		
(5)			(10)		

(3) 오늘 배운 단어 테스트 (Vocabulary test)

1) 선생님이 단어를 영어로 말하면, 학생들이 공책에 한글로 적습니다. (If the teacher speaks the words in English, the students write down the matching Korean words on the notebook.)

6. 숙제 – 부모님과 (또는 친구와) 대화하기

(1) 집에서 부모님과 (또는 친구와) 1:1 로 대화를 하세요.

	질문 (Ask)	대답 (Answer)
(1)	A (선생님): OO 은/는 한국음식 좋아해요?	B (나): 예, 좋아해요. Or 아니오, 안 좋아해요.
(2)	A: 가장 좋아하는 한국음식이 뭐예요?	B: 제가 가장 좋아하는 한국음식은 __이에요.
(3)	A: 가장 좋아하는 색깔이 뭐예요?	B: 제가 가장 좋아하는 색깔은 __이에요.
(4)	A: 가장 좋아하는 도시가 뭐예요?	B: 제가 가장 좋아하는 도시는 __이에요.
(5)	A: 가장 좋아하는 스포츠가 뭐예요?	B: 제가 가장 좋아하는 스포츠는 __이에요.
(6)	A: 가장 좋아하는 과목이 뭐예요?	B: 제가 가장 좋아하는 과목은 __이에요.
(7)	A: OO 은/는 무엇을 싫어해요?	B: 저는 _____ 을/를 싫어해요.
(8)	A: OO 은/는 무엇을 좋아해요?	B: 저는 _____ 을/를 좋아해요.
(9)	A: OO 은/는 무엇이 되고 싶어요?	B: 저는 _____ 이/가 되고 싶어요.
(10)	A: 생일 선물로 무엇을 받고 싶어요?	B: 저는 생일 선물로 __을/를 받고 싶어요.

(2) 위의 10 문장을 공책에 <u>세 번</u> 쓰세요.

(3) '오늘 배운 단어'를 부모님과 (또는 친구와) 공부하세요.

(Blank)

13 과. 지금 드라마 보고 있어요. (I am watching a drama now.)

0. 복습하기 (Review of the previous chapter)

(1) 내가 좋아하는 것 관련 10 문장 쓰기 – 공책에 10 문장을 씁니다. (Write down the 10 sentences from the previous chapter on the notebook.)

(2) 내가 좋아하는 것 관련 10 문장 말하기 – 한 명씩 나와서 10 문장을 말합니다. (Stand up in front of other students and talk the 10 sentences from the previous chapter.)

(3) 앞에서 배운 단어 복습하기 (Review the words that you learned from the previous chapter) – 선생님이 단어를 영어로 말하면, 학생들이 공책에 한글로 적습니다. (When the teacher speaks the words in English, students write down the matching Korean words on the notebook.)

1. 오늘의 10 문장

(1) 다음 한글 문장을 읽고 영어로 번역하세요.

	한 글	영 어
(1)	수민씨, 지금 뭐하고 있어요?	
(2)	저는 지금 드라마 보고 있어요.	
(3)	무슨 드라마 보고 있어요?	
(4)	한국 드라마 보고 있어요.	
(5)	제목이 뭐예요?	
(6)	태양의 후예에요.	
(7)	주인공이 누구예요?	
(8)	남자 주인공은 송중기이고, 여자 주인공은 송혜교예요.	
(9)	무슨 내용이에요?	
(10)	군인과 의사간의 사랑 이야기예요.	

(정답은 다음 페이지에)

정답 (ANSWER)

	Korean (한글)	English (영어)
(1)	수민씨, 지금 뭐하고 있어요?	SooMin, what are you doing now?
(2)	저는 지금 드라마 보고 있어요.	I am watching a drama now.
(3)	무슨 드라마 보고 있어요?	What drama are you watching?
(4)	한국 드라마 보고 있어요.	I am watching a Korean drama.
(5)	제목이 뭐예요?	What is the title?
(6)	태양의 후예에요.	It's Descendants of the Sun
(7)	주인공이 누구예요?	Who are the main characters?
(8)	남자 주인공은 송중기이고, 여자 주인공은 송혜교예요.	The main actor is JoongKi Song and the main actress is HyeGyo Song.
(9)	무슨 내용이에요?	What is the drama about?
(10)	군인과 의사간의 사랑 이야기예요.	A love story between a soldier and a doctress.

2. 쓰기 (Writing)

(1) 아래 빈 칸에 알맞은 말을 넣어보세요. (Please fill out the blanks about the movie/daram that you watch.)

(1)	지금 뭐 하고 있어요?
(2)	저는 지금 영화(또는 드라마)를 보고 있어요.
(3)	무슨 영화/드라마 보고 있어요?
(4)	_____ 영화/드라마 보고 있어요.
(5)	제목이 뭐예요?
(6)	_____이에요.
(7)	주인공이 누구예요?
(8)	남자 주인공은 _____이고, 여자 주인공은 _____이에요.
(9)	무슨 내용이에요?
(10)	_____ 이야기예요.
(11)	재미있어요?
(12)	아주 재미있어요. (or 별로 재미없어요.)

(2) 공책(notebook)에 위의 12 문장을 쓰세요.

* Note for teacher: 학생이 다 쓰면, 선생님이 맞춤법을 체크해서 틀린 부분을 지우고 다시 쓰게합니다. 제일 먼저 쓴 학생부터 차례로 맞춤법을 체크해 줍니다.

3. 외우기 (Memorizing)

(1) 앞의 12 문장을 외워봅시다. (Memorize the 12 sentences.)

* Note for teacher in the classroom:
   1) 처음에는 학생 혼자 외우게 합니다.
   2) 3-4 분후에는 짝을 지워 서로 외운 것을 확인하게 합니다.
   3) 3-4 분후, 앞에 나와서 발표를 하게합니다.

4. 말하기 (Speaking) – 선생님과 대화하기 (Talking with teacher)

(1) 선생님이 학생과 1:1 로 대화를 합니다. (Talk with your teacher the following dialogue)

	질문 (Ask)	대답 (Answer)
(1)	A (선생님): 지금 뭐하고 있어요?	B (나): 지금 영화/드라마를 보고 있어요.
(2)	A: 무슨 영화/드라마 보고 있어요?	B: _____영화/드라마 보고 있어요.
(3)	A: 제목이 뭐예요?	B: _____이에요.
(4)	A: 주인공이 누구예요?	B: 남자 주인공은 _____이고, 여자 주인공은 _____이에요.
(5)	A: 무슨 내용이에요?	B: _____ 이에요.
(6)	A: 재미있어요?	B: 정말 재미있어요.

(2) 학생 2 명을 짝을 지워 1:1 대화를 합니다. (Talk with your partner the previous dialogue.)

(3) 학생 2 명이 앞으로 나와 다른 학생들 앞에서 프레젠테이션을 합니다. (Two students stand up in front of other students and make the conversation.)

5. 오늘의 단어 (Today's words)

(1) 단어 외우기 (Memorise the following words)

	한글	English		한글	English
(1)	영화	Movie	(6)	여자 주인공	
(2)	드라마		(7)	재미있어요	
(3)	제목		(8)	영화를 보고 있어요	Watching a movie
(4)	주인공		(9)	책을 읽고 있어요	Reading a book
(5)	남자 주인공		(10)	음악을 듣고 있어요	Listening to music

(2) 오늘 추가로 배운 단어를 정리합니다. (Write down the new words that you learned on today's class)

> * Note for teacher:
>   1) 칠판에 적어 놓은 단어(한글)들을 여기 빈칸에 적게 합니다.
>   2) 한글을 다 적은 다음, 영어로 그 뜻을 쓰게 합니다.

* If you study this book by yourself, write down in the blanks the new Korean words you learned today.

	한글	English		한글	English
(1)	청소를 하고 있어요	Cleaning the house	(6)		
(2)			(7)		
(3)			(8)		
(4)			(9)		
(5)			(10)		

(3) 오늘 배운 단어 테스트 (Vocabulary test)

1) 선생님이 단어를 영어로 말하면, 학생들이 공책에 한글로 적습니다. (If the teacher speaks the words in English, the students write down the matching Korean words on the notebook.)

6. 숙제 – 부모님과 (또는 친구와) 대화하기

(1) 집에서 부모님과 (또는 친구와) 1:1 로 대화를 하세요.

	질문 (Ask)	대답 (Answer)
(1)	A (부모님): 지금 뭐하고 있어요?	B (나): 지금 영화/드라마를 보고 있어요.
(2)	A: 무슨 영화/드라마 보고 있어요?	B: _____영화/드라마 보고 있어요.
(3)	A: 제목이 뭐예요?	B: _____이에요.
(4)	A: 주인공이 누구예요?	B: 남자 주인공은 _____이고, 여자 주인공은 _____이에요.
(5)	A: 무슨 내용이에요?	B: _____ 이에요.
(6)	A: 재미있어요?	B: 정말 재미있어요.

(2) 위의 문장을 공책에 <u>세 번</u> 쓰세요.

(3) '오늘 배운 단어'를 부모님과 (또는 친구와) 공부하세요.

(Blank)

14과. 한국행 비행기 안에서 (On the airplane bound for Korea)

0. 복습하기 (Review of the previous chapter)

(1) 13과에서 배운 10문장 쓰기 – 공책에 10문장을 씁니다. (Write down the 10 sentences from the previous chapter on the notebook.)

(2) 13과에서 배운 10문장 말하기 – 한 명씩 나와서 10문장을 말합니다. (Stand up in front of other students and talk the 10 sentences from the previous chapter.)

(3) 앞에서 배운 단어 복습하기 (Review the words that you learned from the previous chapter) – 선생님이 단어를 영어로 말하면, 학생들이 공책에 한글로 적습니다. (When the teacher speaks the words in English, students write down the matching Korean words on the notebook.)

1. 오늘의 10 문장

(1) 다음 한글 문장을 읽고 영어로 번역하세요.

	한 글	영 어
(1)	(승무원): 오늘 기내식으로 소고기, 닭고기, 비빔밥이 준비되어 있습니다. 무엇을 드시겠어요?	
(2)	(마이클): 비빔밥 주세요,.	
(3)	음료수는 뭘로 하시겠어요?	
(4)	뭐 있어요?	
(5)	주스, 콜라, 사이다, 와인, 맥주 있습니다.	
(6)	와인 주세요.	
(7)	레드 와인과 화이트 와인중에서 어떤 것을 드릴까요?	
(8)	레드 와인 주세요.	
(9)	물 한잔 드릴까요?	
(10)	아니오, 괜찮아요.	

(정답은 다음 페이지에)

* 승무원: stewardess, 기내식: in-flight meal, 음료수: drink, 레드 와인: red wine
  드릴까요?: Can I give?

정답 (ANSWER)

	Korean (한글)	English (영어)
(1)	(승무원): 오늘 기내식으로 소고기, 닭고기, 비빔밥이 준비되어 있습니다. 무엇을 드시겠어요?	(Stewardess): Beef, chicken, and BiBimBob are prepared for the in-flight meal. What would you like to eat?
(2)	(마이클): 비빔밥 주세요,.	(Michael): I'd like BiBimBob.
(3)	음료수는 뭘로 하시겠어요?	What would you like to drink?
(4)	뭐 있어요?	What do you have?
(5)	주스, 콜라, 사이다, 와인, 맥주 있습니다.	We have juice, cola, spriter, wine, and beer.
(6)	와인 주세요.	Give me wine.
(7)	레드 와인과 화이트 와인중에서 어떤 것을 드릴까요?	Which oen would you like, red wine or white wine?
(8)	레드 와인 주세요.	Red wine, please.
(9)	물 한잔 드릴까요?	Would you like a cup of water?
(10)	아니오, 괜찮아요.	No, thanks.

2. 쓰기 (Writing)

(1) 아래 빈 칸에 알맞은 말을 넣어보세요. (Please fill out the blanks about what you want.)

(1)	(승무원): 오늘 기내식으로 소고기, 닭고기, 비빔밥이 준비되어 있습니다. 무엇을 드시겠어요?
(2)	(마이클): _____ 주세요,.
(3)	음료수는 뭘로 하시겠어요?
(4)	뭐 있어요?
(5)	주스, 콜라, 사이다, 와인, 맥주 있습니다.
(6)	_____ 주세요.
(7)	레드 와인과 화이트 와인중에서 어떤 것을 드릴까요?
(8)	_____와인 주세요.
(9)	물 한잔 드릴까요?
(10)	아니오, 괜찮아요. or 예, 한잔 주세요.

(2) 공책(notebook)에 위의 10 문장을 쓰세요.

* Note for teacher: 학생이 다 쓰면, 선생님이 맞춤법을 체크해서 틀린 부분을 지우고 다시 쓰게합니다. 제일 먼저 쓴 학생부터 차례로 맞춤법을 체크해 줍니다.

3. 외우기 (Memorizing)

(1) 앞의 10 문장을 외워봅시다. (Memorize the 10 sentences.)

* Note for teacher in the classroom:
    1) 처음에는 학생 혼자 외우게 합니다.
    2) 3-4 분후에는 짝을 지워 서로 외운 것을 확인하게 합니다.
    3) 3-4 분후, 앞에 나와서 발표를 하게합니다.

4. 말하기 (Speaking) – 선생님과 대화하기 (Talking with teacher)

(1) 선생님이 학생과 1:1 로 대화를 합니다. (Talk with your teacher the following dialogue)

	질문 (Ask)	대답 (Answer)
(1)	A (승무원): 오늘 기내식으로 소고기, 닭고기, 비빔밥이 준비되어 있습니다. 무엇을 드시겠어요?	B (마이클): 비빔밥 주세요,.
(2)	A: 음료수는 뭘로 하시겠어요?	B: 뭐 있어요?
(3)	A: 주스, 콜라, 사이다, 와인, 맥주 있습니다.	B: _____ 주세요.
(4)	A: 레드 와인과 화이트 와인중에서 어떤 것을 드릴까요?	B: _____와인 주세요.
(5)	A: 물 한잔 드릴까요?	B: 아니오, 괜찮아요. or 예, 한잔 주세요.

(2) 학생 2 명을 짝을 지워 1:1 대화를 합니다. (Talk with your partner the previous dialogue.)

(3) 학생 2 명이 앞으로 나와 다른 학생들 앞에서 프레젠테이션을 합니다. (Two students stand up in front of other students and make the conversation.)

5. 오늘의 단어 (Today's words)

(1) 단어 외우기 (Memorise the following words)

	한글	English		한글	English
(1)	승무원		(6)	음료수	
(2)	기내식		(7)	맥주	
(3)	소고기		(8)	레드 와인	
(4)	닭고기		(9)	드릴까요?	
(5)	비빔밥		(10)	아니요, 괜찮아요	

(2) 오늘 추가로 배운 단어를 정리합니다. (Write down the new words that you learned on today's class)

> * Note for teacher:
> 1) 칠판에 적어 놓은 단어(한글)들을 여기 빈칸에 적게 합니다.
> 2) 한글을 다 적은 다음, 영어로 그 뜻을 쓰게 합니다.

* If you study this book by yourself, write down in the blanks the new Korean words you learned today.

	한글	English		한글	English
(1)	얼음 물	Ice water	(6)		
(2)			(7)		
(3)			(8)		
(4)			(9)		
(5)			(10)		

(3) 오늘 배운 단어 테스트 (Vocabulary test)

1) 선생님이 단어를 영어로 말하면, 학생들이 공책에 한글로 적습니다. (If the teacher speaks the words in English, the students write down the matching Korean words on the notebook.)

6. 숙제 – 부모님과 (또는 친구와) 대화하기

(1) 집에서 부모님과 (또는 친구와) 1:1 로 대화를 하세요.

	질문 (Ask)	대답 (Answer)
(1)	A (승무원): 오늘 기내식으로 소고기, 닭고기, 비빔밥이 준비되어 있습니다. 무엇을 드시겠어요?	B (마이클): 비빔밥 주세요,.
(2)	A: 음료수는 뭘로 하시겠어요?	B: 뭐 있어요?
(3)	A: 주스, 콜라, 사이다, 와인, 맥주 있습니다.	B: _____ 주세요.
(4)	A: 레드 와인과 화이트 와인중에서 어떤 것을 드릴까요?	B: _____와인 주세요.
(5)	A: 물 한잔 드릴까요?	B: 아니오, 괜찮아요. or 예, 한잔 주세요.

(2) 위의 문장을 공책에 세 번 쓰세요.

(3) '오늘 배운 단어'를 부모님과 (또는 친구와) 공부하세요.

(Blank)

15 과. 호텔에서 (In a hotel)

0. 복습하기 (Review of the previous chapter)

(1) 14 과에서 배운 10 문장 쓰기 – 공책에 10 문장을 씁니다. (Write down the 10 sentences from the previous chapter on the notebook.)

(2) 14 과에서 배운 10 문장 말하기 – 한 명씩 나와서 10 문장을 말합니다. (Stand up in front of other students and talk the 10 sentences from the previous chapter.)

(3) 앞에서 배운 단어 복습하기 (Review the words that you learned from the previous chapter) – 선생님이 단어를 영어로 말하면, 학생들이 공책에 한글로 적습니다. (When the teacher speaks the words in English, students write down the matching Korean words on the notebook.)

1. 오늘의 10 문장

(1) 다음 한글 문장을 읽고 영어로 번역하세요.

	한 글	영 어
(1)	A (종업원): 어서오세요. 무엇을 도와드릴까요?	
(2)	B (마이클): 이 호텔에 방을 예약을 했습니다.	
(3)	A: 성함이 어떻게 되세요?	
(4)	B: 마이클 케네디입니다.	
(5)	A: 며칠동안 머무르실 예정이세요?	
(6)	B: 이틀 동안 머무를 예정입니다.	
(7)	A: 이 양식을 작성해 주세요. 그리고 크레딧카드 주세요.	
(8)	B: 여기 있습니다. 전망 좋은 방으로 주세요.	
(9)	A: 여기에 사인해주세요. 방 번호는 1004 입니다. 여기 방 열쇠 있습니다.	
(10)	B: 감사합니다.	

(정답은 다음 페이지에)

* 종업원 = employee, 방 = room, 예약 = reservation,
성함 = 이름(name)의 존댓말 (존댓말 = honorific form), 며칠동안 = how many days
머무르다 = stay, 예정 = plan, 양식 = form, document
작성하다 = fill out, 사인하다 = sign, 전망 = view,
방 번호 = room number (cf: 전화번호 = telephone number), 방 열쇠 = room key

정답 (ANSWER)

	Korean (한글)	English (영어)
(1)	A (종업원): 어서오세요. 무엇을 도와드릴까요?	(Employee): Welcome. May I help you?
(2)	B (마이클): 이 호텔에 방을 예약을 했습니다.	(Michael): I have a reservation.
(3)	A: 성함이 어떻게 되세요?	What is your name?
(4)	B: 마이클 케네디입니다.	Michael Kennedy.
(5)	A: 며칠동안 머무르실 예정이세요?	How long will you stay?
(6)	B: 이틀 동안 머무를 예정입니다.	I will stay for two days.
(7)	A: 이 양식을 작성해 주세요. 그리고 크레딧카드 주세요.	Please fill out this form. And give me your credit card.
(8)	B: 여기 있습니다. 전망 좋은 방으로 주세요.	Here it is. Please give me a room with a good view.
(9)	A: 여기에 사인해주세요. 방 번호는 1004(천사)입니다. 여기 방 열쇠 있습니다.	Please sign here. The room number is 1004. Here's the room key.
(10)	B: 감사합니다.	Thank you.

2. 쓰기 (Writing)

(1) 다음 영어 문장을 한글로 번역하세요. (Translate the English sentences into Korean.)

	English (영어)	Korean (한글)
(1)	(Employee): Welcome. May I help you?	
(2)	(Michael): I have a reservation.	
(3)	What is your name?	
(4)	Michael Kennedy.	
(5)	How long will you stay?	
(6)	I will stay for two days.	
(7)	Please fill out this form. And give me your credit card.	
(8)	Here it is. Please give me a room with a good view.	
(9)	Please sign here. The room number is 1004. Here's the room key.	
(10)	Thank you.	

(2) 공책(notebook)에 위의 10 문장을 쓰세요.

* Note for teacher: 학생이 다 쓰면, 선생님이 맞춤법을 체크해서 틀린 부분을 지우고 다시 쓰게합니다. 제일 먼저 쓴 학생부터 차례로 맞춤법을 체크해 줍니다.

3. 외우기 (Memorizing)

(1) 앞의 10 문장을 외워봅시다. (Memorize the 10 sentences.)

* Note for teacher in the classroom:
   1) 처음에는 학생 혼자 외우게 합니다.
   2) 3-4 분후에는 짝을 지워 서로 외운 것을 확인하게 합니다.
   3) 3-4 분후, 앞에 나와서 발표를 하게합니다.

4. 말하기 (Speaking) – 선생님과 대화하기 (Talking with teacher)

(1) 선생님이 학생과 1:1 로 대화를 합니다. (Talk with your teacher the following dialogue)

	질문 (Ask)	대답 (Answer)
(1)	A (종업원): 어서오세요. 무엇을 도와드릴까요?	B (마이클): 이 호텔에 방을 예약을 했습니다.
(2)	A: 성함이 어떻게 되세요?	B: 마이클 케네디입니다.
(3)	A: 며칠동안 머무르실 예정이세요?	B: 하루 동안 머무를 예정입니다.
(4)	A: 이 양식을 작성해 주세요. 그리고 크레딧카드 주세요.	B: 여기 있습니다. 전망 좋은 방으로 주세요.
(5)	A: 여기에 사인해주세요. 방 번호는 1004 입니다. 여기 방 열쇠 있습니다.	B: 감사합니다.

(2) 학생 2 명을 짝을 지워 1:1 대화를 합니다. (Talk with your partner the previous dialogue.)

(3) 학생 2 명이 앞으로 나와 다른 학생들 앞에서 프레젠테이션을 합니다. (Two students stand up in front of other students and make the conversation.)

5. 오늘의 단어 (Today's words)

(1) 단어 외우기 (Memorise the following words)

	한글	English		한글	English
(1)	승무원		(6)	음료수	
(2)	기내식		(7)	맥주	
(3)	소고기		(8)	레드 와인	
(4)	닭고기		(9)	드릴까요?	
(5)	비빔밥		(10)	아니요, 괜찮아요	

(2) 오늘 추가로 배운 단어를 정리합니다. (Write down the new words that you learned on today's class)

* Note for teacher:
   1) 칠판에 적어 놓은 단어(한글)들을 여기 빈칸에 적게 합니다.
   2) 한글을 다 적은 다음, 영어로 그 뜻을 쓰게 합니다.

* If you study this book by yourself, write down in the blanks the new Korean words you learned today.

	한글	English		한글	English
(1)	얼음 물	Ice water	(6)		
(2)			(7)		
(3)			(8)		
(4)			(9)		
(5)			(10)		

(3) 오늘 배운 단어 테스트 (Vocabulary test)

1) 선생님이 단어를 영어로 말하면, 학생들이 공책에 한글로 적습니다. (If the teacher speaks the words in English, the students write down the matching Korean words on the notebook.)

6. 숙제 – 부모님과 (또는 친구와) 대화하기

(1) 집에서 부모님과 (또는 친구와) 1:1 로 대화를 하세요.

	질문 (Ask)	대답 (Answer)
(1)	A (종업원): 어서오세요. 무엇을 도와드릴까요?	B (마이클): 이 호텔에 방을 예약을 했습니다.
(2)	A: 성함이 어떻게 되세요?	B: 마이클 케네디입니다.
(3)	A: 며칠동안 머무르실 예정이세요?	B: 하루 동안 머무를 예정입니다.
(4)	A: 이 양식을 작성해 주세요. 그리고 크레딧카드 주세요.	B: 여기 있습니다. 전망 좋은 방으로 주세요.
(5)	A: 여기에 사인해주세요. 방 번호는 1004 입니다. 여기 방 열쇠 있습니다.	B: 감사합니다.

(2) 위의 문장을 공책에 <u>세 번</u> 쓰세요.

(3) '오늘 배운 단어'를 부모님과 (또는 친구와) 공부하세요.

(Blank)

16 과. 택시안에서 (In a taxi)

0. 복습하기 (Review of the previous chapter)

(1) 15 과에서 배운 10 문장 쓰기 – 공책에 10 문장을 씁니다. (Write down the 10 sentences from the previous chapter on the notebook.)

(2) 15 과에서 배운 10 문장 말하기 – 한 명씩 나와서 10 문장을 말합니다. (Stand up in front of other students and talk the 10 sentences from the previous chapter.)

(3) 앞에서 배운 단어 복습하기 (Review the words that you learned from the previous chapter) – 선생님이 단어를 영어로 말하면, 학생들이 공책에 한글로 적습니다. (When the teacher speaks the words in English, students write down the matching Korean words on the notebook.)

1. 오늘의 12 문장

(1) 다음 한글 문장을 읽고 영어로 번역하세요.

	한 글	영 어
(1)	A (택시 기사): 안녕하세요? 어디로 갈까요?	
(2)	B (마이클): 서울대로 가 주세요.	
(3)	A: 알겠습니다.	
(4)	B: 서울대까지 얼마나 걸릴까요?	
(5)	A: 대략 삼십 분 정도 걸릴거예요.	
(6)	(삼십 분 후)	
(7)	A: 다 왔습니다. 어디에 세워 드릴까요?	
(8)	B: 저기 경영대학 앞에 세워 주세요.	
(9)	A: 네, 알겠습니다.	
(10)	B: 요금이 얼마예요?	
(11)	A: 칠천 오백원입니다.	
(12)	B: 여기 있습니다.	

(정답은 다음 페이지에)

* 택시 기사 = taxi driver, 서울대 = Seoul National University
  대략 = approximately, about, 경영대학 = college of business.
  요금 = fare

정답 (ANSWER)

	Korean (한글)	English (영어)
(1)	A (택시 기사): 안녕하세요? 어디로 갈까요?	(Taxi driver): Hello. Where to, sir?
(2)	B (마이클): 서울대로 가 주세요.	(Michael): I am going to Seoul National University.
(3)	A: 알겠습니다.	I got it.
(4)	B: 서울대까지 얼마나 걸릴까요?	How long will it take to get there?
(5)	A: 대략 삼십 분 정도 걸릴거예요.	It will take about 30 minutes.
(6)	(삼십 분 후)	(30 minutes later)
(7)	A: 다 왔습니다. 어디에 세워 드릴까요?	Here we are. Where should I drop you off?
(8)	B: 저기 경영대학 앞에 세워 주세요.	In frond of the College of Business building.
(9)	A: 네, 알겠습니다.	Okay.
(10)	B: 요금이 얼마예요?	How much do I owe you?
(11)	A: 칠천 오백원입니다.	7,500 Won.
(12)	B: 여기 있습니다.	Here it is.

2. 쓰기 (Writing)

(1) 다음 영어 문장을 한글로 번역하세요. (Translate the English sentences into Korean.)

	English (영어)	Korean (한글)
(1)	(Taxi driver): Hello. Where to, sir?	
(2)	(Michael): I am going to Seoul National University.	
(3)	I got it.	
(4)	How long will it take to get there?	
(5)	It will take about 30 minutes.	
(6)	(30 minutes later)	
(7)	Here we are. Where should I drop you off?	
(8)	In frond of the College of Business building.	
(9)	Okay.	
(10)	How much do I owe you?	
(11)	7,500 Won.	
(12)	Here it is.	

(2) 공책(notebook)에 위의 12 개의 한글 문장을 쓰세요.

* Note for teacher: 학생이 다 쓰면, 선생님이 맞춤법을 체크해서 틀린 부분을 지우고 다시 쓰게합니다. 제일 먼저 쓴 학생부터 차례로 맞춤법을 체크해 줍니다.

3. 외우기 (Memorizing)

(1) 앞의 12 문장을 외워봅시다. (Memorize the 12 sentences.)

* Note for teacher in the classroom:
    1) 처음에는 학생 혼자 외우게 합니다.
    2) 3-4 분후에는 짝을 지어 서로 외운 것을 확인하게 합니다.
    3) 3-4 분후, 앞에 나와서 발표를 하게합니다,

4. 말하기 (Speaking) – 선생님과 대화하기 (Talking with teacher)

(1) 선생님이 학생과 1:1 로 대화를 합니다. (Talk with your teacher the following dialogue)

	질문 (Ask)	대답 (Answer)
(1)	A (택시 기사): 안녕하세요? 어디로 갈까요?	B (마이클): 서울대로 가 주세요.
(2)	A: 알겠습니다.	B: 서울대까지 얼마나 걸릴까요?
(3)	A: 대략 30 분 정도 걸릴 거예요.	
(4)	(30 분 후)	
(5)	A: 다 왔습니다. 어디에 세워 드릴까요?	B: 저기 경영대학 앞에 세워 주세요.
(6)	A: 네, 알겠습니다.	B: 요금이 얼마예요?
(7)	A: 칠천 오백원입니다.	B: 여기 있습니다.

(2) 학생 2 명을 짝을 지어 1:1 대화를 합니다. (Talk with your partner the previous dialogue.)

(3) 학생 2 명이 앞으로 나와 다른 학생들 앞에서 프레젠테이션을 합니다. (Two students stand up in front of other students and make the conversation.)

5. 오늘의 단어 (Today's words)

(1) 단어 외우기 (Memorise the following words)

	한글	English		한글	English
(1)	택시 기사		(6)	세워 드릴까요?	
(2)	서울대		(7)	경영대학	
(3)	대략		(8)	칠천 오백원	
(4)	다 왔습니다		(9)	요금	Fare
(5)	얼마나 걸릴까요?		(10)	한 시간 후	One hour later

(2) 오늘 추가로 배운 단어를 정리합니다. (Write down the new words that you learned on today's class)

* Note for teacher:
  1) 칠판에 적어 놓은 단어(한글)들을 여기 빈칸에 적게 합니다.
  2) 한글을 다 적은 다음, 영어로 그 뜻을 쓰게 합니다.

* If you study this book by yourself, write down in the blanks the new Korean words you learned today.

	한글	English		한글	English
(1)	명동	MyungDong	(6)		
(2)			(7)		
(3)			(8)		
(4)			(9)		
(5)			(10)		

(3) 오늘 배운 단어 테스트 (Vocabulary test)

1) 선생님이 단어를 영어로 말하면, 학생들이 공책에 한글로 적습니다. (If the teacher speaks the words in English, the students write down the matching Korean words on the notebook.)

6. 숙제 – 부모님과 (또는 친구와) 대화하기

(1) 집에서 부모님과 (또는 친구와) 1:1 로 대화를 하세요.

	질문 (Ask)	대답 (Answer)
(1)	A (택시 기사): 안녕하세요? 어디로 갈까요?	B (마이클): 서울대로 가 주세요.
(2)	A: 알겠습니다.	B: 서울대까지 얼마나 걸릴까요?
(3)	A: 대략 30 분 정도 걸릴 거예요.	
(4)	(30 분 후)	
(5)	A: 다 왔습니다. 어디에 세워 드릴까요?	B: 저기 경영대학 앞에 세워 주세요.
(6)	A: 네, 알겠습니다.	B: 요금이 얼마예요?
(7)	A: 칠천 오백원입니다.	B: 여기 있습니다.

(2) 위의 문장을 공책에 <u>세 번</u> 쓰세요.

(3) '오늘 배운 단어'를 부모님과 (또는 친구와) 공부하세요.

(Blank)

17 과. 병원에서 (In a doctor's office)

0. 복습하기 (Review of the previous chapter)

(1) 16 과에서 배운 10 문장 쓰기 – 공책에 10 문장을 씁니다. (Write down the 10 sentences from the previous chapter on the notebook.)

(2) 16 과에서 배운 10 문장 말하기 – 한 명씩 나와서 10 문장을 말합니다. (Stand up in front of other students and talk the 10 sentences from the previous chapter.)

(3) 앞에서 배운 단어 복습하기 (Review the words that you learned from the previous chapter) – 선생님이 단어를 영어로 말하면, 학생들이 공책에 한글로 적습니다. (When the teacher speaks the words in English, students write down the matching Korean words on the notebook.)

1. 오늘의 10 문장

(1) 다음 한글 문장을 읽고 영어로 번역하세요.

	한 글	영 어
(1)	A (간호사): 어떻게 오셨어요?	
(2)	B (마이클): 머리가 아파요.	
(3)	A: 여기에 오신 적이 있으세요?	
(4)	B: 아니요, 오늘 처음입니다.	
(5)	A: 잠시만 기다려주세요. 의사 선생님께서 곧 오실 거예요.	
(6)	(십분 후)	
(7)	C (의사): 어디가 아프세요?	
(8)	B: 머리가 아파요.	
(9)	C: 다른 증상은 없나요?	
(10)	B: 기침이 나고 콧물이 나요.	
(11)	C: 감기에 걸리셨어요. 여기 처방전이 있습니다.	
(12)	B: 감사합니다.	

(정답은 다음 페이지에)

* 간호사 = nurse, 의사 = doctor
  머리 = head, 곧 = soon, 증상 = symptom
  기침 = cough, 콧물 = runny nose, 감기 = cold, 처방전 = prescription

정답 (ANSWER)

	한 글	영 어
(1)	A (간호사): 어떻게 오셨어요?	(Nurse) How can I help you?
(2)	B (마이클): 머리가 아파요.	(Michael) I have a headache.
(3)	A: 여기에 오신 적이 있으세요?	Have you been here before?
(4)	B: 아니요, 오늘 처음입니다.	No, this is my first visit.
(5)	A: 잠시만 기다려주세요. 의사 선생님께서 곧 오실 거예요.	Wait in a moment. The doctor will be here soon.
(6)	(십분 후)	(Ten minutes later)
(7)	C (의사): 어디가 아프세요?	(Doctor) Where does it hurt?
(8)	B: 머리가 아파요.	I have a headache.
(9)	C: 다른 증상은 없나요?	Do you have any other symptoms?
(10)	B: 기침이 나고 콧물이 나요.	I have a cough and runny nose.
(11)	C: 감기에 걸리셨어요. 여기 처방전이 있습니다.	You caught a cold. Here is the prescription.
(12)	B: 감사합니다.	Thank you.

2. 쓰기 (Writing)

(1) 다음 영어 문장을 한글로 번역하세요. (Translate the English sentences into Korean.)

	English (영어)	Korean (한글)
(1)	(Nurse) How can I help you?	
(2)	(Michael) I have a headache.	
(3)	Have you been here before?	
(4)	No, this is my first visit.	
(5)	Wait in a moment. The doctor will be here soon.	
(6)	(Ten minutes later)	
(7)	(Doctor) Where does it hurt?	
(8)	I have a headache.	
(9)	Do you have any other symptoms?	
(10)	I have a cough and runny nose.	
(11)	You caught a cold. Here is the prescription.	
(12)	Thank you.	

(2) 공책(notebook)에 위의 12개의 한글 문장을 쓰세요.

* Note for teacher: 학생이 다 쓰면, 선생님이 맞춤법을 체크해서 틀린 부분을 지우고 다시 쓰게합니다. 제일 먼저 쓴 학생부터 차례로 맞춤법을 체크해 줍니다.

3. 외우기 (Memorizing)

(1) 앞의 12 문장을 외워봅시다. (Memorize the 12 sentences.)

* Note for teacher in the classroom:
    1) 처음에는 학생 혼자 외우게 합니다.
    2) 3-4 분후에는 짝을 지워 서로 외운 것을 확인하게 합니다.
    3) 3-4 분후, 앞에 나와서 발표를 하게합니다.

4. 말하기 (Speaking) – 선생님과 대화하기 (Talking with teacher)

(1) 선생님이 학생과 1:1 로 대화를 합니다. (Talk with your teacher the following dialogue)

	질문 (Ask)	대답 (Answer)
(1)	A (간호사): 어떻게 오셨어요?	B (마이클): 머리가 아파요.
(2)	A: 여기에 오신 적이 있으세요?	B: 아니요, 오늘 처음입니다.
(3)	A: 잠시만 기다려주세요. 의사 선생님께서 곧 오실 거예요.	
(4)	(십분 후)	
(5)	C (의사): 어디가 아프세요?	B: 머리가 아파요.
(6)	C: 다른 증상은 없나요?	B: 기침이 나고 콧물이 나요.
(7)	C: 감기에 걸리셨어요. 여기 처방전이 있습니다.	B: 감사합니다.

(2) 학생 2 명을 짝을 지워 1:1 대화를 합니다. (Talk with your partner the previous dialogue.)

(3) 학생 2 명이 앞으로 나와 다른 학생들 앞에서 프레젠테이션을 합니다. (Two students stand up in front of other students and make the conversation.)

5. 오늘의 단어 (Today's words)

(1) 단어 외우기 (Memorise the following words)

	한글	English		한글	English
(1)	간호사		(6)	기침	
(2)	의사 선생님		(7)	콧물	
(3)	곧		(8)	감기	
(4)	아파요		(9)	처방전	
(5)	증상		(10)	병원	

(2) 오늘 추가로 배운 단어를 정리합니다. (Write down the new words that you learned on today's class)

> * Note for teacher:
> 1) 칠판에 적어 놓은 단어(한글)들을 여기 빈칸에 적게 합니다.
> 2) 한글을 다 적은 다음, 영어로 그 뜻을 쓰게 합니다.

* If you study this book by yourself, write down in the blanks the new Korean words you learned today.

	한글	English		한글	English
(1)	진료실	Consulting room	(6)		
(2)			(7)		
(3)			(8)		
(4)			(9)		
(5)			(10)		

(3) 오늘 배운 단어 테스트 (Vocabulary test)

1) 선생님이 단어를 영어로 말하면, 학생들이 공책에 한글로 적습니다. (If the teacher speaks the words in English, the students write down the matching Korean words on the notebook.)

6. 숙제 – 부모님과 (또는 친구와) 대화하기

(1) 집에서 부모님과 (또는 친구와) 1:1 로 대화를 하세요.

	질문 (Ask)	대답 (Answer)
(1)	A (간호사): 어떻게 오셨어요?	B (마이클): 머리가 아파요.
(2)	A: 여기에 오신 적이 있으세요?	B: 아니요, 오늘 처음입니다.
(3)	A: 잠시만 기다려주세요. 의사 선생님께서 곧 오실 거예요.	
(4)	(십분 후)	
(5)	C (의사): 어디가 아프세요?	B: 머리가 아파요.
(6)	C: 다른 증상은 없나요?	B: 기침이 나고 콧물이 나요.
(7)	C: 감기에 걸리셨어요. 여기 처방전이 있습니다.	B: 감사합니다.

(2) 위의 문장을 공책에 세 번 쓰세요.

(3) '오늘 배운 단어'를 부모님과 (또는 친구와) 공부하세요.